AF498494

Educación en casa

Educación en casa

Paola Reding

**Aquí está lo que los padres necesitan
saber acerca del *homeschool***

¡Felicidades! Acabas de dar el primer paso para afirmar que eres la persona indicada para educar a tu hijo en todos los ámbitos. ¡Lo que él necesita es a ti!

Con este libro en tus manos, desbloquearás los secretos que requieres para educarlo en casa, fuera del sistema típico escolarizado. Después podrás, con algo de tiempo y esfuerzo, ejercer tu propio sistema.

Este libro te dirá cuán fácil puede ser, qué estilo puedes seguir y lo mucho que pueden avanzar tus hijos en forma natural y constructivista.

Continúa leyendo y encontrarás como tus chicos triunfan con tus propias herramientas, fuera del sistema tradicional, y creando tu propia visión para tu familia. Verás las bondades que habrá en el camino.

Un regalo para ti

Como una forma de agradecer tu inversión en este libro, me gustaría darte un regalo. Se trata de un pequeño curso que puedes usar como guía para poder iniciar tu propio sistema de educación en poco tiempo. Imagínate por un segundo: en tan sólo unos meses (de 2 a 4) puedes ir formando una línea que marcará el destino de tus hijos, un parteaguas con la manera en que hemos creído que debe ser la formación académica y educativa y que, además, los chicos se sentirán profundamente motivados para lograr. Para obtener tu curso gratis, simplemente entra a www.regalolibro.mividaorganica.com

AGRADECIMIENTOS

A Dios. Él es a quien le debo todo en mi vida.

A mi esposo, por darme todo su apoyo para que este libro fuera posible.

A mi familia y a las personas que han sido parte de esta historia, por su paciencia y su ayuda incondicional.

ACERCA DE LA AUTORA

Mi nombre es Paola Reding, soy madre y esposa. Educo a mis tres hijos en casa desde muy pequeños. He ayudado a muchas familias que tuvieron el deseo o la inquietud de educar a los suyos en casa por distintas razones y han tenido éxito en el proceso. Este libro es una herramienta que ayuda a que el camino sea más claro y sencillo que probar varios currículos para ver cuál es el que "funciona" para tus chicos.

Soy creadora de www.mividaorganica.com y, junto con mi esposo, pastoreamos una iglesia desde el 2011, dando enseñanzas a familias, matrimonios, jóvenes y niños. Soy autora de este libro, que espero estés leyendo gustosamente.

Desde el 2010, año en que nació nuestro primer hijo, me he dedicado de estudiar e investigar acerca del comportamiento de los niños en las áreas de pedagogía, psicología, académicas y espirituales.

A partir del año 2014 tomamos la decisión de desescolarizar a nuestros niños, lo cual ha sido un camino sumamente enriquecedor, para toda la familia.

No hay nada que me apasione más que ayudar a otras personas que se encuentran en la situación en la que, en algún momento, yo estaba.

Dios es mi guía, mi confianza. Amo a mi familia incondicionalmente. Me gusta ser de inspiración para bien de otros.

Cabe mencionar también que soy apasionada del deporte y que la inquietud es parte de mi vida.

Parte del proceso nos ha llevado a superar retos y obstáculos que en un principio fueron difíciles. Pero te puedo decir algo: en este libro te voy a mostrar los principios de la educación en el hogar y, al igual que nosotros, podrás aplicarlos y obtener resultados favorables.

Si eso es algo con lo que necesitas ayuda, somos los indicados para guiarte en el camino.

TESTIMONIOS

Hace dos años decidimos iniciar EDUCACIÓN EN CASA. Al principio, como la mayoría de las familias que escogen este estilo de vida, nos sentíamos con muchas inquietudes y dudas. Paola fue la primera persona a la que acudí para conocer más acerca del *homeschool*. Me encantó que ella siempre se mostró muy dispuesta para ayudarme, escuchar mis inquietudes, darme consejos e incluso me invitó a conocer el espacio donde trabaja con sus niños. Haber platicado con ella me ayudó a sentir confianza y a organizarme de una manera muy práctica, respetando la rutina y los intereses de mis hijos. ¡Realmente su apoyo y consejos fueron una pieza clave en nuestro proceso para iniciar este maravilloso estilo de vida! Ahora que ya hacemos *homeschool*, nos está yendo muy bien, estamos más confiados y mucho más acoplados a la rutina y dinámica con los niños. Los consejos de Paola me han ayudado a aterrizar mejor mis ideas y la forma como planeo nuestras actividades.

SELINA VIESCA, MAMÁ DE TRES

Tengo el privilegio de conocer a la familia de Paola muy de cerca. El sistema tradicional de educación supone un estrés y exige un nivel de convivencia tan sistematizado y riguroso, que impactaban en un alto nivel de ansiedad en el hijo mayor de

Paola. Sin embargo, el amor, la paciencia y la particularización que ofrecen el sistema de enseñanza en casa o *homeschool* han dado muchos frutos buenos en él, ya que no es un niño común y, por tanto, el sistema de enseñanza grupal tradicional representaba muchas desventajas respecto del *homeschool*, donde la atención es personalizada y llena de ternura y libertad para expresarse. Desde que su hijo inició con el sistema de enseñanza en casa, se tornó en un niño mucho más feliz y poco a poco ha sido capaz de ir liberando esa inteligencia que tenía atrapada por la ansiedad de cumplir con los estándares de un sistema regular. Los padres y maestros que deciden aplicar esta forma de vida en los niños (*homeschool*) merecen todo mi reconocimiento y mi respeto, ¡es un gran esfuerzo!

VERÓNICA R. RODRÍGUEZ

Índice

CAPÍTULO UNO:

LIDERAZGO EN EL HOGAR

ANTES DE EMPEZAR

La crianza de los hijos puede convertirse en todo un desafío, y si no estás situado con firmeza en un camino que te haga sentir seguro de lo que haces, te verás rebasado por las circunstancias.

Tus hijos necesitan entender que tú eres el líder de tu casa y que tus decisiones tienen como fundamento el amor. Además de ser el proveedor de tu casa, Dios te dio la responsabilidad y el regalo de ser la autoridad.

Los padres tenemos la obligación de ejercer esa función de manera correcta, para que los hijos nos escuchen y obedezcan nuestro consejo, porque así serán capaces de tomar decisiones correctas a lo largo de su vida.

Si no adoptamos ese papel, ellos lo sabrán y pasarán por encima de nosotros. Entonces el riesgo que todos corren es que alguien de allá afuera los adoctrine.

Cuando no eres un padre dedicado y seguro de su papel, eres visto como un seguidor de corrientes. Espero que estés consciente de lo que sucede cuando los hijos no son correctamente guiados por sus padres. Si lo piensas, con los modelos externos, en el plano formativo, alguien que no es de tu familia determina cómo, cuándo y qué deben saber tus hijos.

Hoy existen muchos factores de riesgo que están al alcance de los niños. Las nuevas doctrinas quieren robar nuestra autoridad anteponiéndose a nosotros.

El gobierno, la sociedad, las instituciones, las modas, los amigos, incluso las películas están haciendo todo lo posible por ocupar nuestro lugar.

Te voy a dar algunos ejemplos de respuestas clásicas que tienen los papás cuando se les hacen preguntas acerca de lo que ellos quieren para sus hijos en materia de educación: "Quiero darles el mejor sistema académico", "Que aprendan tres idiomas" o "Que tengan las mejores calificaciones", si tu piensas de esta manera corres el riesgo de ser de las personas que siguen las corrientes actuales.

¿A qué me refiero con "riesgo"? A que los niños necesitan más que un sistema, aprender idiomas u obtener excelentes calificaciones. Usar la autoridad que Dios nos ha dado como padres va mucho más allá de todos estos buenos deseos.

Te explico: Muchos queremos lo mejor para nuestros hijos, pero ¿qué nos hace diferentes, como padres, en medio de la presión que vivimos actualmente?

Es importantísimo que te sitúes y te consideres a ti mismo como fuente de inspiración para la educación de tus hijos. Que te entregues, literalmente, para poder formar hombres y mujeres de bien.

¡Hay esperanza! Podemos hacer las cosas de una manera distinta a la que marcan las tendencias. Y lo mejor es que puedes cumplir con este rol dándoles a tus hijos, todo lo necesario para que crezcan sanos, seguros de sí mismos y con una identidad definida.

¿Te parece que es el momento de hacer un cambio?

¿Consideras que es tiempo de hacer algo cuya eficacia está comprobada y que puede llevar a tus hijos a un nivel que siempre has soñado pero que parece demasiado lejano?

Al final del día, parafraseando a Albert Einstein, la noción real de fracaso consiste en hacer lo mismo una y otra vez esperando un resultado distinto.

Si tu respuesta es sí a esas preguntas, estás en el camino correcto.

Nadie tira una flor para forzar su crecimiento.
RAFAEL VÍDAC

EL SECRETO DEL LIDERAZGO

Pero entre ustedes no debe ser así. Al contrario, el que quiera hacerse grande entre ustedes deberá ser su servidor.
MARCOS, 10:43

No es lo mismo mandar y dar órdenes, que ser líder. Según el texto "Significado de líder", publicado en *significados.com* (2019):

El líder es visto como la persona capaz de incentivar, motivar y ejercer influencia en el comportamiento o modo de pensar de su personal de equipo con el propósito de trabajar por un bien común.

El líder tiene la función de transmitir una visión global e integrada, mostrar confianza al grupo, orientar y movilizar a las personas a concretizar los objetivos planteados, animar y mantener el interés del grupo a pesar de los obstáculos y crisis que se pueden encontrar a lo largo del trabajo, reforzar los sucesos y cuando sea necesario corregir los desvíos. Asimismo, el líder debe de utilizar todo el potencial de su personal y repartir las funciones a cada uno.

Ese es el secreto: los padres son los encargados de inspirar por medio del ejemplo, la confianza y dedicación a los hijos.

Y con esto no me refiero a un servilismo, sino a un deseo de ayudar y levantar la vida de tu familia en todos los aspectos posibles. Nosotros como papás tenemos que ser el mejor ejemplo de vida que ellos tengan en función de amor, carácter, dominio propio, apoyo, etcétera.

Un líder se entrega, hace a un lado el egoísmo para dar en vez de recibir y dar más de lo que se le pide.

Por ejemplo, en una ocasión escribí en Instagram la frase: "Todo puede esperar, excepto el tiempo con tus hijos", y una mamá me contestó que eso no servía de nada pues, al rato los hijos se olvidan de los padres, comienzan sus vidas, amigos y ya uno no entra en sus planes… Mi respuesta a esto fue que la sociedad actual, conformada por hijos egoístas y liberales, es el resultado de padres ausentes.

Cuando los papás ayudan en las labores de la casa, los hijos lo ven y aprenden. No hay mejor ejemplo de motivación que ver a tus autoridades haciendo lo que ellas te piden que hagas.

Los niños necesitan atención, aprobación, abrazos, miradas, caricias, juegos y disciplina, entre muchas otras cosas. Ellos quieren que los veas a los ojos cuando te platican sus aventuras o problemas.

Es de suma importancia entender y conocer el papel que ejercen los papás. La familia fue creada para formar un lazo de integración donde nos conocemos, nos ayudamos, solucionamos problemas y nos apoyamos unos a los otros.

Habiendo dicho esto, ahora imagina pasar largas horas juntos como familia en convivencia, aprendiendo unos de los otros, sin el constante estrés y las presiones del sistema y de la sociedad.

El rol de los papás debe incluir acciones como:

- inspirar
- motivar
- impulsar
- corregir
- disciplinar
- transmitir sabiduría.

Tengo unas preguntas para ti:

1. ¿Crees que bajo estas condiciones puedan alcanzar una vida plena y puedan desarrollar sus talentos?
2. ¿Crees que tus hijos aprendan a confiar en ti?
3. ¿Crees que puedes tener una mejor relación con ellos?
4. ¿Estarían creciendo de una manera más saludable y seguros de sí mismos?

Todo esto es posible cuando asumimos la responsabilidad total de criar y educar a nuestros hijos sin prejuicios, siendo colaboradores del potencial innato de los niños, apreciándolos e impulsándolos, actuando como las personas de mayor influencia en sus vidas; sembrando en ellos, hasta un día ver la cosecha.

La generación actual de papás entendemos lo que significa trabajar por obligación. Déjame explicarte que fue el sistema lo que nos llevó a estudiar así, a creer que era la única manera de aprender.

Sin embargo, no es necesario hacerlo así. Puedes crear tu propio sistema según tus valores y principios, según la personalidad de cada niño. Definir una ruta individualizada para cada hijo, desarrollando así sus capacidades de aprendizaje.

Probablemente no tenías en mente tener que hacer un cambio de mentalidad, sino más bien seguir pautas ya establecidas por alguien más. Lo entiendo.

Sólo deja que te explique cómo es que esto funciona durante los próximos capítulos. Te prometo que te convencerás, de una u otra manera, de que la EDUCACIÓN EN CASA es para ti.

¿A quién va dirigido este libro?

Antes de avanzar, te explico claramente a quiénes puede ayudarles este libro. Si eres alguno de los siguientes, este libro es para ti:

- Padres o madres comprometidos
  - que buscan abrir nuevos horizontes para la preparación de sus hijos,
  - dispuestos a aprender y prepararse para este camino,
  - que desean tener una relación más profunda con sus hijos y como familia,
  - que no están de acuerdo en la imposición de las nuevas ideologías.
- Niños y niñas que...
  - ... sufren de acoso o *bullying*,
  - no se adaptan al sistema tradicional,
  - se aburren fácilmente con las obligaciones académicas o no muestran ningún interés,
  - han sido etiquetados con algún tipo de síndrome de personalidad (autismo, TDA, hiperactividad, etcétera),

- tienen baja autoestima,
- tienen bajas calificaciones,
- tienen "problemas" de conducta.

Este libro es para aquellos que buscan un cambio en su familia y en la preparación académica de sus hijos. Para los padres que se preguntan cómo podrían aprovechar al máximo el aprendizaje a su propio ritmo y con un estilo de vida diseñado por ellos mismos. Para quienes buscan quitar las influencias negativas y lo que no les permite crecer y disfrutar plenamente sus vidas.

Nosotros utilizamos la EDUCACIÓN EN CASA con estrategias que te llevarán a obtener muy buenos resultados.

¡Estoy feliz de compartirlas contigo!

CREE EN TU AUTORIDAD

La sociedad nos quiere decir cómo debemos educar a los niños según las modas y las tendencias actuales.

Estamos bajo una manipulación constante de los medios que dictan la forma en la que "deben" ser los niños e incluso, los adultos.

Por eso es tan importante entender cuáles son tu papel y tu rol, y ser un ejemplo de vida de acuerdo con los valores y principios establecidos por Dios.

Cuando entendemos esto, cambia el significado de educar o enseñar. El tema académico ya no ocupa el primer lugar, sino que se trata de formar el carácter de los niños para que sepan salir adelante en medio de cualquier circunstancia, ya sea personal o académica. Bajo esta óptica, abarcamos todos y cada uno de los aspectos de sus vidas.

Los niños nacen con dones y talentos. Los padres somos responsables de potencializarlos, sólo necesitamos darles muchas herramientas para su máximo desarrollo.

Te cuento que, a sus 4 años de edad, uno de mis hijos lloraba desde la mañana, al ponerse las calcetas. Sufría por el pincel que tenía que tomar en clase y se aislaba por el acoso de otros niños. Sus calificaciones eran bajas. Toda la familia cargaba con el peso de su situación. Hasta que entendimos, como padres, que éramos los responsables de lo que le estaba sucediendo.

Empecé a darme cuenta de que era nuestro trabajo educarlo. Y no me refiero al sistema académico. Visualicé que era primordial trabajar en su carácter e inseguridades, y afirmar que lo demás era secundario.

En el podcast: *Salud mental en adolescentes*, el Dr. James Dobson (2020) entrevista al Dr. Matt Stanford, director ejecutivo del Hope and Healing Center and Institute en Houston, quien trabaja con pacientes diagnosticados con problemas de personalidad, adicciones y bipolaridad, entre otros padecimientos. De acuerdo con el doctor Stanford:

> Tenemos un sinfín de niños y jóvenes sin identidad, las cifras de depresión y suicidio han aumentado considerablemente aún a los 6 u 8 años de edad. El estrés académico y la tecnología los ha rebasado, no saben relacionarse con otros y cuando algo no sale bien, no tienen las herramientas necesarias para sobreponerse.

Es urgente que los padres tomen la batuta de sus hogares y se integren con amor y disciplina para ayudar a los hijos a salir adelante con éxito.

Ya sea que tengas niños chiquitos, adolescentes o jóvenes, que vayan o no a la escuela, independientemente de tu situación actual, te reto a contestar lo siguiente:

- ¿Cuánto tiempo le dedicas a cada uno de tus hijos?
- ¿Juegas con ellos?
- ¿Salen juntos a pasear como familia?
- ¿Conoces a todos sus amigos?
- ¿Conoces a las familias de sus amigos?
- ¿Tienes acceso abierto a sus redes sociales?
- ¿Cuánto tiempo pasan fuera de casa?
- ¿Sabes qué programas o series de televisión ven?
- ¿Vigilas sus computadoras, teléfonos, iPad o cualquier aparato con acceso a internet?
- ¿Cuánto tiempo platicas con ellos al día?
- ¿Cuántas veces al día los abrazas y les dices que los amas?
- ¿Conoces sus intereses, lo que les gusta?

Te invito a que tú mismo te hagas un cuestionario para que sepas qué tanto los conoces.

Te sorprenderás de las respuestas, pero no te desanimes, puedes ir trabajando poco a poco en cada una de ellas. Sin importar lo difícil que parezca, una vez que hayas logrado acertar en algunas, podrás ganarte su corazón y su confianza.

Te aseguro que ellos quieren estar contigo antes que con nadie. Sólo necesitas tiempo y constancia y verás lo mucho que puedes lograr.

EL MOMENTO CORRECTO ES ¡AHORA!

Aunque apenas estés adentrándote en este camino, puedes y debes comenzar a construir con tus propias manos el molde que tú quieres para tus hijos.

Por eso ahora es el momento ideal para iniciar.

Primero que nada, vamos a separarnos de todo lo que te dice que no puedes hacerlo, que no lo vas a lograr, que no estás preparado y que no tienes la capacidad, además de todos los mitos que has escuchado antes con respecto a la desescolarización.

Vamos a enfocarnos en que tú puedes hacer todo lo que esté en tus manos para mejorar la situación por la que actualmente pasa tu familia. También es posible que simplemente quieras complementar todo lo aprendido anteriormente.

Cuando se les pregunta a los papás que educan en casa si se arrepienten de hacerlo, la gran respuesta ha sido: "Sólo me arrepiento de no haberlo hecho antes".

No dejes pasar más tiempo. Si estás leyendo este libro es porque hubo algo, una razón que te motivó a investigar acerca del tema.

Estamos muy conscientes de que el tiempo corre muy rápido, los años pasan de prisa y la etapa que vivirás con tus hijos es corta: aprovéchala.

Si hacemos cálculos, los hijos sólo pasan aproximadamente 15 por ciento de sus vidas con nosotros: unas tres horas al día de responsabilidad total, cuando son niños que también están en actividades extracurriculares. Con esto me refiero a que sólo ese tiempo somos responsables por completo de ellos.

Eso es un porcentaje de horas totales en el día. Ahora imagina que pasan al menos seis horas diarias fuera de casa, además de las actividades deportivas o artísticas, entre otras. En total, son muy pocas las horas que nos quedan para pasar tiempo juntos y entrenarlos para el otro 85 por ciento del tiempo de su vida.

Theodore Roosevelt, vigésimo sexto presidente de los Estados Unidos (1901-1909), estudió en casa y acudió a la Universidad de Harvard, donde practicó el boxeo y desarrolló interés por los asuntos navales. Es recordado por su personalidad exuberante, su amplitud de intereses y logros.

MI EXPERIENCIA

Porque yo lo logré. Y cada vez estoy más convencida de que todos podemos lograrlo.

Te voy a contar nuestra experiencia:

Cuando mi hijo aún estaba escolarizado, una de sus cualidades destacadas era su gran capacidad de memorización, pero no era muy diestro para la motricidad gruesa, ni en el contacto con los demás niños, además de que no hablaba y tampoco le gustaba seguir indicaciones de las maestras.

Todo esto hacía muy difícil lo que significaba ir a la escuela y cumplir con sus estándares.

Las maestras, quienes con mucho entusiasmo trataban de ayudarlo para que completara los cursos académicos y se integrara con los demás niños del salón, junto con nosotros como padres, tratábamos de trabajar para que de alguna manera él se adaptara al sistema. Sin embargo, aún con todos nuestros esfuerzos, no veíamos más que retroceso, estrés y tristeza.

Nuestro hijo sufría mucho y nosotros estábamos también tristes y frustrados porque no sabíamos qué hacer para que se adaptara a todo su entorno y disfrutara su aprendizaje.

Sin un rumbo, ni saber qué hacer, como un flash, un rayo de luz, un día descubrimos el documental llamado *La educación prohibida,* del director German Doin (2012). Al verlo fue como si toda la confusión y la desesperación por no saber qué hacer se aclararan en un lapso de dos horas.

Espera a ver lo que sucedió…

Tengo una pregunta para ti: ¿por qué no podrías lograrlo? Te invito a reflexionar profundamente en esto, aunque probablemente tus respuestas irían en el mismo sentido que las siguientes:

- no estoy capacitado
- no soy maestra
- no tengo paciencia
- no tengo tiempo
- no van a aprender
- no van a socializar.

En los próximos capítulos seguiré dando respuestas a cada una de estas interrogantes e inquietudes, que la mayoría de los papás tienen en un principio.

Sigue leyendo para que descubras los secretos de la EDUCACIÓN EN CASA y todos los beneficios que vas a vivir de ahora en adelante.

Si tienes más dudas, puedes contactarnos en la liga: www.mividaorganica.com o al correo: info@mividaorganica.com.

CAPÍTULO DOS:

TU CAMINO AL ÉXITO

La nota "No, Finlandia ya no es número uno en educación", de José Manuel Valiñas (2020) publicada en el diario *El Universal*, presenta un panorama internacional donde los países compiten por estar en las puntuaciones más altas, según la prueba PISA. Valiñas relata que en algún momento Finlandia ocupó el primer lugar, que ahora le disputan China y Japón, entre otros. La calidad educativa del país Nórdico tiene su origen en la decisión que tomaron de cambiar por completo el nivel educativo, al reducir drásticamente la cantidad de información que recibían los alumnos, el número de horas que pasaban en las escuelas, los exámenes y tareas. De esta manera lograron los niveles más altos de puntuación.

Si estudiamos ambos lados, asiático y europeo, hay una gran diferencia que es muy interesante conocer y analizar. En Asia hay una exagerada exigencia académica, lo cual está siendo contraproducente, dado que los resultados emocionales son severamente negativos. De acuerdo con *El libro azul de educación,* publicado en 2014 por el Gobierno de China, los niños padecen estrés y los adolescentes llegan a cometer suicidio. Según esta publicación, el estrés en niños de primaria y 93 por ciento de los suicidios en jóvenes y adolescentes están relacionados con el rendimiento escolar.

En diciembre de 2019, el diario *El país* publicó el texto "China copa la cima del informe PISA entre críticas por la presión escolar", donde asegura que los alumnos chinos pasan 55 horas de estudio por semana. Dicho texto cita a la periodista Lenora Chu, autora del libro *Pequeños soldados*, quien escribe "Todos los padres sufren por no poder dejar que sus hijos disfruten la infancia (…) pero saben que hay una enorme presión competitiva", por lo tanto no pueden disfrutar la vida "bajo la amenaza de que no logren ingresar a las siguientes etapas educativas".

Xu Zhao, Robert Selman y Helen Haste, autores de un estudio sobre el estrés escolar en las escuelas chinas, afirman que el sistema del Gigante Asiático produce graduados con puntuaciones altas, habilidades bajas y salud débil.

La diferencia con Finlandia es clara. En el país europeo se buscan la solidaridad y cooperación entre el alumnado. No existen escuelas privadas donde se diferencien ricos de pobres, sino que todos se reúnen igual y aprenden a relacionarse unos con otros sin dividir clases sociales. Los maestros son respetados, dado que se preparan arduamente para impartir sus enseñanzas.

Según el texto, la mejor manera de abordar el rendimiento educativo insuficiente no es elevar los estándares o aumentar el tiempo de instrucción o tareas sino hacer de la escuela un lugar más interesante y agradable para todos. Se busca una pedagogía, por parte de los maestros, más centrada en el alumno, el aumento de actividad física y mejoras en el uso de herramientas tecnológicas.

¿QUÉ ES LA EDUCACIÓN EN CASA?

Me gusta una historia que retrata el concepto de la escolarización tradicional:

Se cuenta de una leyenda en la que en una caverna se encontraba un grupo de hombres, prisioneros desde nacimiento, encadenados de tal manera que sólo podían mirar hacia el fondo de la cueva. Una hoguera y figuras manipuladas por otros hombres proyectaban en esa pared todo tipo de sombras. Para los prisioneros, las sombras eran la única referencia del mundo exterior… Esas sombras eran su mundo, su realidad. Uno de los prisioneros era liberado y se le permitía ver la realidad entera fuera de la caverna.

¿Qué tanto tiempo le costaría acostumbrarse al exterior al hombre que fue liberado, después de toda una vida de encierro? Posiblemente su reacción sería un profundo temor a la realidad. Podría entender lo que era un árbol, el mar, el sol.

Supongamos que este hombre puede ver la realidad tal cual es, y entender el gran engaño que era la caverna. Si comprendemos la comparación de esta ilustración en relación con el conocimiento, la ilusión, la realidad, y cómo posiblemente estemos dentro de una gran caverna, que a su vez está dentro de otra. Pero no cabe duda de la necesidad de este hombre libre de regresar y compartirle al mundo lo que había visto.

Vamos a estudiar qué es la EDUCACIÓN EN CASA y cuáles son sus grandes beneficios.

La EDUCACIÓN EN CASA fue la primera forma de aprendizaje. Es la historia más larga que existe, es mucho más antigua que las escuelas. Según el sitio Biblioweb, recurso de la UNAM, el sistema escolar fue un invento del siglo XIX.

Podemos decir que la EDUCACIÓN EN CASA no es un descubrimiento, moda o novedad que no haya sido comprobado antes por su eficacia.

Creo firmemente que los niños son como una mina de oro, no una caja vacía que se tiene que llenar y saturar de información.

Como ya hemos dicho antes, la casa es el mejor lugar para inspirar a tus hijos según tus valores y principios.

Muchos papás están más preocupados por los números y letras que aprenden los chicos que por su vida personal. No me malentiendas, pero creemos que, por darles una educación académica, incluso la mejor calificada o que cumpla con altos estándares de calidad, les estamos proveyendo todo lo necesario para que automáticamente triunfen en la vida.

Este tipo de conocimientos o experiencias corresponden solamente a una fracción de todo lo que se necesita para enfrentar las circunstancias a lo largo de los años en todas las áreas que abarcan la vida de una persona.

¿Conoces personas que, a los 40 o 50 años, quieren empezar a buscar sus sueños?, ¿o alguien que no tienen rumbo fijo ni estabilidad?, ¿personas que han fracasado en su matrimonio y vida familiar? ¿Tal vez fueron despedidos de su trabajo y no encuentran otra alternativa para sacar adelante a su familia? ¿Conoces a alguien que pasa meses o años esperando un empleo?

También he visto personas que tuvieron excelentes calificaciones en las mejores universidades, pero no tienen un trabajo como el que tal vez imaginaron que merecían por ese nivel académico.

Algunos simplemente están frustrados porque viven económicamente de un trabajo que no les gusta en lo más mínimo.

La EDUCACIÓN EN CASA te dará el tiempo y las habilidades para descubrir los intereses y sueños más profundos de tus hijos. Podrás conocerlos, entenderlos, escucharlos e irles dando herramientas para que aprendan con profundidad cada tema.

Los vas a ayudar a resolver problemas, a interiorizar y conocer la riqueza que hay en ellos para descubrir todo lo que quieran.

Tendrás una visión diferente de lo que significa simplemente memorizar conceptos y obtener una calificación.

Por otro lado, cabe resaltar su desarrollo de habilidades en ámbitos como la nutrición, las labores de limpieza y de colaboración en el hogar.

Según la *Encuesta nacional de niños, niñas y mujeres 2015* (Instituto Nacional de Salud Pública, Unicef, 2016), México ocupa el primer puesto como el país con mayor obesidad infantil del mundo y el segundo en obesidad entre adultos, únicamente precedido por Estados Unidos.

No quiero dejar de mencionar el alto índice de personas enfermas y afectadas por la pandemia actual. La covid-19 nos ha demostrado las pésimas condiciones de salud en las que se encuentran muchas personas a las que el virus afecta, principalmente a personas con enfermedades como diabetes e hipertensión, ocasionadas por una mala alimentación.

En casa, no sólo fomentamos el aprendizaje académico, sino que también aprovechamos el día y las circunstancias diarias para que los hijos tengan una mayor conciencia de comer de manera saludable.

La colaboración en el hogar también fue un fenómeno de estrés que ha resultado en el llamado "encierro" de la pandemia. Se ha hecho visible la falta de interés de los miembros de las familias por ayudar y aportar, no hay sentido de limpieza ni de orden en sus propios hogares, empezando por el cuarto de los hijos, donde se acumulan juguetes, camas sin tener y ropa tirada en el suelo; por citar algunos ejemplos.

De alguna manera, al educar en casa estamos buscando una plenitud de vida en todos los sentidos, llenando cada aspecto posible y que esté en nuestras manos.

En casa podemos, literalmente, educar a nuestros niños para que tengan paz y seguridad, junto con la tranquilidad de que estamos ahí para ayudarlos, para impulsar sus fortalezas y orientarlos en sus áreas de oportunidad, sin críticas, ni comentarios injustos o dolorosos, puesto que ellos llenan nuestras expectativas de aceptación tal y como son.

Queremos llevarlos de la mano a la excelencia y al cumplimiento del propósito de Dios en sus vidas.

Estaremos en el lugar adecuado y siempre al pendiente de sus necesidades personales. Queremos rodearlos de amor y disciplina para que puedan ser personas que no sólo han encontrado la profundidad del aprendizaje académico, sino personas con valores, que buscan el bienestar social, seguras de sí mismas, que saben que en su familia, son sumamente amados y valorados individualmente.

No importa su físico, sus cualidades, sus aptitudes deportivas, su economía, su ropa, etc. El que vivan en el entorno correcto la mayor parte de su tiempo los ayudará a prepararse para enfrentar los pequeños desafíos de la convivencia fuera de casa.

Se piensa que los niños pequeños tienen que aprender a soportar insultos, comentarios despectivos o agresiones de personas adultas u otros niños. Hay una idea de que así aprenderán a defenderse, sin embargo, la mayoría de los niños que aprenden a tolerar esas agresiones pasan por un profundo dolor y se les daña severamente la autoestima.

Sobre este tema pueden encontrarse múltiples estudios. Baste citar el artículo "Relación entre acoso escolar y suicidios adolescentes" (2018) que aborda la relación actual entre el suicidio y el acoso escolar.

> …no es cosa menor que los adolescentes tengan miedo a acudir a sus centros educativos, ya que, en muchas ocasiones sufren verdaderamente por su integridad física, estando y quedado expuestos a situaciones de verdadero maltrato, tanto físico como psicológico, así como miedo a la desaprobación social. Los adolescentes, al no tener definida por completo su personalidad y sus valores, llegan a un punto de estrés y depresión que les desgasta en todos los aspectos. Por este motivo y dada la tendencia al suicidio que se posee en esta etapa de la vida, los adolescentes pueden llegar a tomar la decisión de suicidarse para terminar con los abusos que sufren.

Lo interesante es que, al hecho de afrontar conflictos de esa naturaleza, muchos le llaman "crecer". Espero que entiendas que vivimos en una sociedad caída (abundan la drogadicción, el alcoholismo, los divorcios, robos, homicidios, abortos, infidelidades, corrupción, tráfico de niños y mujeres, por mencionar sólo algunos casos). Ésta es la que dicta cómo debemos vivir y que los niños, hasta los adultos, debemos encajar.

Entonces, cuando los niños son puestos en un grupo donde todos hacen lo mismo, tienen la misma edad, usan el mismo tipo de ropa, son de la misma clase social, empiezan las comparaciones y la competencia. Así, los estamos poniendo en graves problemas.

Desafortunadamente, no tienen la madurez ni la capacidad para tolerar tanta frustración y tentaciones solos, durante tantas horas y tantos años.

En casa podrás ver y tendrás tiempo para trabajar las necesidades, tristezas, miedos o enojos de cada uno de tus hijos, y vas a tener una conexión completa con ellos para mostrarles su valor como seres humanos.

Es necesario que todos los niños sepan que están aquí con un propósito eterno, que no nacieron por casualidad y que lo que ellos hagan y aporten a la humanidad, así sea un granito de arena, nadie más lo podrá hacer.

Los niños necesitan a sus papás. Debemos cuidar su inocencia lo más que se pueda, hasta que encuentren su propia identidad y entonces, tengan una mayor capacidad de enfrentar retos más fuertes.

Y con esto no me refiero a la imagen clásica de que estarían en una burbuja. No son niños encerrados, al contrario, recordemos que ahora no tienen la obligación de aprender solamente en libros, un aula, o bajo una sola metodología homogénea.

Los papás que se preocupaban primero por el currículo académico ahora saben que eso sólo es parte de los últimos "brochazos" de un cuadro.

Te pongo un ejemplo de una obra de arte:

Mi mamá era pintora y sus obras eran muy valoradas por artistas y personas conocedoras del arte. Detrás de esas bellas pinturas había un gran trabajo y esfuerzo. Ella primero buscaba el modelo: un paisaje, una fruta con una tela adecuada de fondo, etc. Una vez que decidía lo que iba a pintar, mandaba hacer un bastidor de madera para montar un lienzo.

Yo la observaba armarlo y graparlo para que quedara firme y soportara largos años colgado sobre una pared.

Después, verificaba que tuviera todos los colores y pinceles y mezclas de limpieza. Ya que tenía todo eso, montaba el lienzo sobre un caballete y pasaba horas y horas cada día, tratando de captar la mejor interpretación de su modelo. Pintaba, corregía y pintaba de nuevo. Tenía que ser muy precisa con la hora del día para que la luz del sol fuera siempre la misma, y así, con paciencia y esmero terminaba.

Después iba nuevamente con el carpintero para que pusiera un marco sobre el lienzo. Una vez puesto, quedaba una bella obra de arte, lista para ser presentada.

Los compradores tal vez no sabían lo que mi mamá había tenido que hacer para que quedara lista, ellos sólo veían el resultado final y así era como la apreciaban y con gusto se llevaban el cuadro para admirarlo y disfrutarlo.

Ésa es la labor de los padres. Si queremos ver una bella obra de arte en nuestros hijos, necesitamos hacer el sacrificio de dedicar horas y horas con paciencia, formándolos, corrigiendo y de nuevo volviendo a corregir. Debemos hacer todo el trabajo necesario para ver un hermoso cuadro.

¿Por qué te platico todo esto? Porque necesitamos tener en claro lo que significa educar. Si quiero que mis hijos sean como esa pintura que estuvo lista y que puedo apreciar por lo bella que quedó, primero tengo que haber hecho el trabajo anterior, hacer una pieza de calidad con la madera y la tela adecuadas para que entonces pueda comenzar a dibujar sobre ella.

Te lo pongo de esta manera: imagina que todo lo que se hizo antes de comenzar a pintar es formar el carácter de los niños. Sin antes haber hecho eso, difícilmente el cuadro podrá quedar completo o podrá soportar los cambios de clima, las mudanzas, e incluso una que otra caída al suelo. Y esa formación de carácter sólo la puedes hacer tú, como papá, como mamá.

Eres lo mejor que les ha pasado a tus hijos, créelo. Aún con errores, no hay nadie que los ame más que nosotros.

Por eso es tan importante entender que es primordial que los niños crezcan en un ambiente sano y feliz, **que nuestra relación con ellos es más importante que cualquier aprendizaje académico.** Este último seguro vendrá.

Entonces, al tener a tus hijos tan cerca, encontrarás que el aprendizaje es la misma vida. Sin tener que pasar por un proceso desgastante y con tanta presión.

Tu casa está llena de aprendizaje: hay cultura, matemáticas, todo tipo de ciencias, física, química, los juguetes son una herramienta de virtudes nobles. Aunque lo más importante que hay es la convivencia diaria con las personas más importantes de toda su vida: su familia.

El tema de la socialización va de la mano por completo con la EDUCACIÓN EN CASA, porque los niños tienen libertad de salir a muchos más lugares y aprender de toda la gente que está allá afuera, empezando por los de adentro.

Cualquier lugar al que vaya, tu hijo requiere de socializar. Es imposible no experimentarlo cuando el niño y la familia conviven diariamente y se exponen constantemente al mundo exterior. En uno de los últimos capítulos de este libro abordamos este asunto.

Recalcando la sana convivencia en casa, precisamos que, en un futuro, cuando tengan su propia familia, ésta será lo más importante, se esforzarán por cuidarla y protegerla, ante todo.

Cuando finalmente te decidas por emprender esta nueva aventura y veas las maravillas que hay en cada uno de tus hijos, su hermoso aprendizaje y crecimiento personal, te convencerás de que es la opción para ti, sin importar el currículo o tus capacidades.

Más adelante te voy a platicar de personas que han tenido éxito y que nunca aprendieron mediante un sistema tradicional.

LOS FUNDAMENTOS DE LA EDUCACIÓN EN CASA

¿Recuerdas la leyenda que expuse líneas atrás? Prosigamos con ella:

¿Sabías que no hay sistema, o método nominado como el único y verdadero? "Entonces", te preguntarás "¿qué puedo aprender de este libro?"

Analiza lo que dice la enciclopedia libre, Wikipedia, sobre John Holt, quien fue uno de los primeros reformadores de la educación en los años de setenta, él explica cómo la pedagogía apoya la educación en el hogar de la siguiente manera:

La verdadera educación es lo contrario a la escolarización *obligatoria*, donde se aprende principalmente a temer y doblegarse ante la jerarquía impuesta. Necesitamos, en cambio, que los educandos desarrollen, a la par que la indispensable capacitación, una actitud crítica para entender el mundo, para que puedan ver los cambios que es necesario hacer a fin de crear un lugar mejor para todos, y ser capaces de llevar a cabo estos cambios. Claro que esto no es sinónimo de una ausencia de responsabilidad por parte de los jóvenes, que deben comprender lo que les compete en el conjunto social: prepararse de la mejor forma posible para enfrentar los retos que un futuro dinámico y en desarrollo seguramente ha de generar. Pero la responsabilidad y la preparación hacen necesaria la libertad en la realización de la tarea, ya que sin libertad no se puede ser responsable.

Ahora estás descubriendo tus derechos como padre y te estás dando cuenta de que tienes el privilegio de enseñar y transmitir todos tus conocimientos mientras te sea posible.

De ahora en adelante sólo necesitas dar el paso y dejar de tener miedo, porque te estás dando cuenta de que el sistema impositivo no es la única solución ni la mejor manera de emprender el grandioso vuelo del aprendizaje.

Estás aquí porque te interesa descubrir qué hay más allá de un sistema estructurado, cómo los niños pueden aprender a tomar decisiones asertivas y puedes estrechar fuertemente los vínculos familiares.

Está claro que te preocupa que ahora los valores en las familias se han deteriorado y quieres cuidar el entorno social de tus hijos.

La EDUCACIÓN EN CASA debe ser un estilo de vida. Conforme vayas aprendiendo te darás cuenta de que muchas veces los adultos somos los responsables de impulsar o detener la capacidad intelectual y creativa de los niños, desde que son bebés con la insistencia de que hagan lo que nosotros "creemos" que deben hacer y saber.

Por lo regular cuesta entender que no se trata de nosotros los adultos, sino que los seres humanos, desde que son bebés, ya nacen con una gran inteligencia.

Cuando las personas saben que mis hijos estudian en casa por lo regular me preguntan si soy maestra. Es algo que te comenzarán a preguntar una y otra vez, y la respuesta es: los maestros no nacieron siendo maestros, ni los papás nacieron siendo papás. De la misma manera en que un maestro se capacita y un papá o mamá van perfeccionando su labor, ahora tú te estás capacitando para inspirar a tus hijos. En este momento te empiezas a convertir en un investigador.

Este camino se convierte en una manera de vivir donde la confianza es parte del entorno, tus hijos alcanzan su potencial y tú te das un respiro al alejarte de las presiones externas.

Empieza a acomodar tus prioridades para que tengas en claro que el ambiente es el principal recurso de aprendizaje.

Ahora descubrirás la manera en que tus hijos podrán desarrollarse en lo que mejor pueden hacer que es: aprender y aprender. Eso nunca termina.

Los niños se convierten en guías, dales la oportunidad de que te muestren lo que les atrae. Eso facilitará por completo tu percepción de lo que significa este nuevo camino. No es que te vayas a sentar seis horas diarias con ellos en una mesa para tener los mismos conflictos que tenían antes. Ahora encontrarán la manera de que todo fluya a su propio ritmo.

Pensamos que confiar en un niño es *chiflazón*, pero ellos tienen un potencial interno que no podemos conocer hasta que no les damos la oportunidad de mostrarlo.

Ésa será la manera en que podrán disfrutar del aprendizaje fluido y sin que la impaciencia reine en el hogar. Platicando, planeando, organizando, llegando a acuerdos. Cuando los niños participan en la toma de decisiones, se sienten atraídos a la idea de llevar su propia dirección hasta donde nosotros les permitimos, entonces aumenta su deseo de colaborar.

La EDUCACIÓN EN CASA se convierte en un centro de investigación, de participación, de crecimiento, de toma de decisiones, de confianza y comprensión, un lugar donde no hay acoso ni presiones externas, donde aprender es algo emocionante e interesante. Donde hay respeto por la individualidad. Donde cada hijo es único y especial, no un número o una calificación.

¿POR QUÉ LA EDUCACIÓN EN CASA ES UNA EXCELENTE OPCIÓN?

Espero que ya hayas empezado a visualizar por qué la EDUCACIÓN EN CASA puede convertirse en una excelente alternativa. En caso de que no haya sido clara, te voy a platicar algunas cosas.

Primero que nada, te explico que hace mucho tiempo la enseñanza no era como hoy la conocemos. La academia de Platón era un espacio de reflexión, conversación y experimentación libre. La instrucción obligatoria era cosa de esclavos.

De acuerdo con el documental *La educación prohibida* (Doin, 2012), a finales del siglo XVIII y principios del siglo XIX se creó el concepto de educación pública, gratuita y obligatoria. Este nuevo movimiento, separado fuertemente por castas y clases sociales, fomentaba la disciplina, obediencia y el régimen autoritario. De esta manera, los monarcas formaban obedientes súbditos de los estados, preparándolos para ir a la guerra.

Rápidamente, el modelo empezó a expandirse por el mundo, con la idea de dar educación para todos. Esgrimían la bandera de la igualdad, sin embargo, ese sistema afianzó los modelos elitistas y la división de clases, que hasta hoy es muy clara. Todo esto es el origen de la educación pública.

El mismo Napoleón lo dijo en voz alta: "Yo quiero formar un cuerpo docente para poder dirigir el parecer de los franceses" (viajandoconsalero.wordpress.com, 2017). Esta estructura funciona, silenciosamente, de la misma manera hasta el día de hoy.

Posteriormente se hicieron sistemas académicos que se enfocaban en formar grupos iguales, acomodar pupitres en filas y hacer que todos los niños aprendieran lo mismo.

Grandes empresarios, como Andrew Carnegie, JP Morgan y John Rockefeller, entre otros, tenían empleados obreros y necesitaban asegurarse de que las próximas generaciones estarían preparadas para ocupar los puestos de sus papás, como empleados obreros. "La escuela era la respuesta ideal a la necesidad de trabajadores a muy bajo costo" (Doin, 2012). Fue entonces como decidieron iniciar las primeras modalidades obligatorias y formar grupos de las mismas edades, con las mismas enseñanzas memorizadas, sentados en líneas de personas que sólo siguen instrucciones y compiten entre ellas por ver quién da el mejor resultado.

Así se aseguraban de que, cuando los futuros jóvenes tuvieran edad y preparación de acuerdo con su sistema, estarían listos para ser sus próximos empleados y trabajar de la misma forma: en líneas, haciendo lo mismo una y otra vez, con una hora de descanso, sin opinar, memorizando lo que debían repetir mecánicamente para no desperdiciar el producto, y bajo un sueldo establecido.

La EDUCACIÓN EN CASA abre muchos caminos hacia los talentos y aptitudes individuales de cada niño y cada familia. Te explico más adelante detalladamente.

La educación no es llenar un cubo, sino encender un fuego.
WILLIAM BUTLER YEATS

EL MUNDO YA NO ES EL MISMO

Las empresas, la ciencia, la tecnología a nivel mundial están cambiando… perdón, ya cambiaron.

Los antiguos modelos de pasar horas sentados en un pupitre, memorizando, haciendo lo mismo para dedicarse a lo mismo, alineando habilidades para alcanzar como máxima meta personal los estudios universitarios, para salir a pelear por un puesto de trabajo, simplemente son obsoletos.

La mayoría de los jóvenes aspiran a tener un ingreso económico en un futuro muy lejano y bajo una tremenda presión, como lo hemos mencionado anteriormente. Esto puede llevar muchos años, incluso décadas. Piénsalo así: una persona que ha estudiado desde los 3 años hasta los 20, o más, puede ser apto para tener un porvenir, tal vez, prometedor.

Y además de todo esto, es posible que aun así, al final, se percate de que no era lo que esperaba o no estaba a la altura de las exigencias de los más altos puestos. Por otro lado, puede desanimarse al darse cuenta de que sus sueños más profundos nunca se realizaron y que la decepción es sólo son una estación más en la ruta que todos deben seguir.

De los millones de niños y jóvenes que llegan a la universidad, muy pocos reciben la recompensa a tanto esfuerzo y tantos años de trabajo. No son valorados o deben seguir demostrando que merecen un aumento de sueldo o una promoción, deben trabajar en horarios muy prolongados y no disfrutan de sus familias y su valioso tiempo de descanso.

Es verdad, existen puestos de trabajo donde dedican hasta diez horas diarias, o más, para reunir el ingreso necesario para solventar sus necesidades económicas, además, son puestos donde dependen completamente de agradarles a los superiores.

Pero hay esperanza. Muchas personas han alcanzado sus metas cumpliendo sus sueños y gozan del fruto de su propio trabajo. Además, les gusta lo que hacen y, como sienten una gran motivación por hacer su trabajo, se esmeran en la disciplina y se esfuerzan, por lo tanto se convierten en personas competentes y sobresalientes.

Estamos en un mundo nuevo, más eficiente, más estructurado y acelerado, en el que la ciencia y la tecnología nos han abierto caminos de manera formidable. Es posible aprender fuera de una estructura sistematizada y en muchos casos, obsoleta.

No debemos pasar por alto el tema del acoso entre los niños, el abuso, las etiquetas de personalidad, la exclusión de ciertos temperamentos y la nueva imposición de culturas tergiversadas que suceden en el ámbito de la educación escolarizada.

UN CAMBIO DE MENTALIDAD: PASADO Y PRESENTE

Las personas competentes, impulsadas por el gusto y la satisfacción personal, determinadas a conseguir sus metas y objetivos con perseverancia, son las que sobresalen en este mundo nuevo.

Estamos hablando de personas que, independientemente de cómo lo logran, están tan emocionadas de hacer lo que les gusta, que lo hacen bien. Cuando las personas son disciplinadas, competentes y realizan su trabajo con esmero y dedicación, están muy cerca de triunfar y conducir carreras profesionales empoderadas.

Esto funciona igual para las personas no escolarizadas y para las que sí aprendieron en la escuela, porque no se trata de sistemas o métodos, sino de ganas y disciplina. Se trata de la actitud con la que se aprende, de ésta depende el resultado.

Estamos hablando de personas tituladas, no tituladas, de empresarios, negociantes, vendedores, artistas, médicos, arquitectos, abogados, deportistas, genios, etcétera.

Diferencias entre sistemas del pasado y EDUCACIÓN EN CASA:

SISTEMAS DEL PASADO	EDUCACIÓN LIBRE
Aprendizaje por obligación	Aprendizaje orgánico
Memorizar para después olvidar	Investigar, profundizar
Aburrido, sin interés	Divertido, interesante
Lleno de horarios ininterrumpidos	Rutinas que forman hábitos
Un sistema dice lo que hay que hacer	Aprende a tomar decisiones a temprana edad
Todo ya está hecho y escrito	Se convierte en emprendedor
"Soy comparado"	"Soy único y especial"
Título, igual a empleo	Herramientas y recursos diversos, igual a éxito

SISTEMAS DEL PASADO	EDUCACIÓN LIBRE
Busca el inicio de un camino futuro a los 17 años	Empieza su carrera a los 9 años
Busca hablar dos idiomas o tres	Puede hablar tantos idiomas como quiera y que le gusten
Poco tiempo para jugar	Usa el juego y la diversión para aprender
Poco tiempo personal y familiar	Pasa mucho tiempo con la familia, viajando, practicando deportes, música, etcétera
Vacaciones y tiempo limitado	Administra su tiempo con libertad
Trabaja y aprende por obligación	Disfruta su trabajo y aprende por gusto
Se enfoca en una profesión	Multiplica habilidades
Totalmente académico	Complementa con otras actividades, como el arte y el deporte, con libertad
Recursos limitados para niños superdotados	Puede adelantar cuanto quiera al nivel que desee. El Universo es el límite de aprendizaje y avance.

Pearl Buck, la primera mujer americana en ganar el premio Nobel de Literatura, fue criada en China por sus padres misioneros. Su madre le enseñó en casa, utilizando libros de texto americanos por las mañanas. Por las tardes, un tutor confuciano le enseñaba a leer y escribir en chino. A los 10 años, ella ya sabía que quería ser novelista (Kim, 2016).

SEIS BENEFICIOS INIGUALABLES DE EDUCAR EN CASA

Como puedes imaginar, educar en casa tiene muchos beneficios. Te platico algunos de ellos:

Calidad de vida

Este estilo de vida elimina mucha presión y estrés, al estar lejos de las exigencias de los estándares sociales y la competencia calificativa. La excelencia no está relacionada con la sobrecarga de trabajo. Además de que no existe una lucha de poderes por sobresalir y ser mejor que los demás. Lograr los resultados que demanda el sistema exige nuestro tiempo, nos priva de estar con la familia, e incluso puede dañar la salud.

En la EDUCACIÓN EN CASA tienes la libertad de elegir cuánto tiempo dedicar a cada cosa que haces, sin un horario estricto que te apresure, puesto que el día tiene horas suficientes para hacer y aprender lo que se demanda sin que el reloj nos dirija a cada segundo. No debe apresurarse a los niños para que vayan a la par de los demás, porque así se dice que debe ser: todos iguales.

¡Cada uno debe ir a su ritmo, debe respetarse su individualidad! ¡Nosotros como papás también vamos poco a poco trabajando juntamente con ellos!

Un consejo para ti y tu familia: Conviértanse en los dueños de su tiempo y de sus vidas.

Madurez

Lejos de lo que se nos ha dicho, los niños que pasan más tiempo con sus papás son más seguros de sí mismos.

Cuando los niños conviven sanamente con adultos tienen un conocimiento de temas que nunca conocerían al estar siempre rodeados de niños y desarrollan un lenguaje más amplio y profundo.

Por ejemplo, aprenden sobre finanzas, matrimonio, nuevas investigaciones, entre una variedad de temas que la escuela no abarca. Están constantemente absorbiendo lo que nosotros nos tardamos tantos años en asimilar.

Aprenden a convivir con los niños con más facilidad, porque saben que tienen libertad de elegir a sus amigos o compañeros de juego. No están todos los días con el mismo grupo por mucho tiempo, sino que conviven por gusto y esto permite que vivan más alejados de la constante competencia, el acoso, y el *bullying*. Por lo regular, están en un ambiente seguro donde son amados y aceptados, donde la disciplina es directa e individual, y se ejerce sin juicio, sino con verdad y misericordia.

Cuando aprenden un nuevo tema por emoción e interés, se fortalece su autoestima porque se han descubierto capaces de crear, investigar, aprender mucho y pueden desenvolverse con seguridad en lo que les apasiona. Se vuelven expertos en varios temas.

Un horizonte más amplio

El infinito es el límite. Pueden explorar miles de temas cuantas veces quieran y hasta donde quieran ininterrumpidamente, incansablemente, siempre y cuando sean temas que nazcan desde su interior, desde su inmensa necesidad y deseo de aprender.

Los adultos tienen la creencia de que a los niños hay que decirles constantemente qué aprender, pero los niños son curiosos por naturaleza, siempre están haciendo preguntas. No hay un horario que diga cada día, hasta aquí aprendes hoy o hasta aquí *debes* saber.

Pueden ampliar su conocimiento cuanto quieran en todos los temas que les sea posible. Cuando descubren un tema interesante, se levantan y se acuestan deseosos de saber más.

Siempre habrá mucho qué descubrir.

Toma de decisiones

A nuestra generación, en muchos casos, nos enseñaron que alguien más nos indicaría qué hacer, qué leer, qué aprender, qué memorizar, qué estudiar, etcétera. Es como si nos hubieran entregado un paquete que dijera: "Instrucciones para hacer durante toda tu vida".

Pero con el paso del tiempo, cuando las cosas se salen de control por algún problema inesperado, o cuando algo no está saliéndonos "bien" o es nuevo para nosotros, no sabemos qué hacer, ni qué decisiones tomar, porque eso fue algo que no nos enseñaron. No se nos permitió opinar, dialogar, diferir, comunicarnos para intercambiar opiniones respecto de un tema y encontrar nuestro propio punto de vista.

Tal vez en alguna materia de la universidad debíamos hacer trabajos en equipo e investigar, pero sólo en ciertas materias o clases muy específicas, pocas veces, en todo el periodo de la carrera. La mayor parte del tiempo teníamos que guardar silencio o hablar lo menos posible durante muchas horas.

La educación libre nos permite decidir qué hacer cada día, cada hora, cada mes, conversar, dialogar, hacer miles de preguntas, conocer a los demás, etcétera.

Los niños aprenden a tener control de su propio ritmo y de su aprendizaje. Diariamente llevan un control del avance y la motivación es personal, ellos son su misma competencia y comparación y quieren ser mejores, porque buscan alcanzar un objetivo, porque ya tienen en mente una meta.

Inician su carrera más pronto

¿Quién pensaría que podemos dedicarnos a varias cosas a la vez, sin estar sujetos a una licenciatura o ingeniería?

Tenemos tantas habilidades que somos capaces de desarrollar varias profesiones a la vez y no sólo conformarnos con un título. Los papás deben saber que los niños y jóvenes pueden desarrollar varias profesiones, y no necesariamente con un título universitario.

Hoy tenemos al alcance muchas puertas al conocimiento por medio de diplomados, cursos, etcétera, para poder multiplicar los conocimientos.

Depende mucho de cada perfil. Por ejemplo, si les gusta la medicina, arquitectura o derecho, entonces sí deben hacer su carrera en la universidad. Pero existen profesiones y trabajos que se pueden ejercer muy bien por medio de otras alternativas, y eso permite que, desde muy chicos, empiecen a estudiar e incluso a trabajar en lo que les gusta, con lo cual pueden tener más conocimiento del tema a largo plazo.

De hacerlo así, no necesariamente hay que esperar hasta los 17 o 18 años para decidir la carrera profesional.

Cada quien escoge sus limitaciones y decide hasta donde quiere llegar.

Inculcar valores y principios

Qué mayor privilegio que tener muchas horas al día, a la semana, al mes, muchos años para transmitir a tus hijos el valor que tienen como personas, su lugar en la familia, la importancia de su participación en su comunidad y país.

Fuimos creados por Dios con un propósito eterno, nuestra estancia en la Tierra tiene mucho significado y los niños deben saber que ellos son un regalo divino.

¿Cómo podremos formar una generación que vea por el prójimo? Es urgente dar una identidad a los niños con sus padres, su idioma, cultura, comida y nación.

¿Has atestiguado acontecimientos recientes de adoctrinamiento forzoso de tendencias de minorías que buscan fines políticos y lucrativos?

La libertad de expresión, el derecho a vivir renunciando a las modas, que no edifican y que son contradictorias a la Palabra de Dios, están siendo arrebatadas principalmente en las escuelas laicas.

En casa, tú eres quien les transmitirá a tus hijos los principios fundamentales del amor verdadero: A Dios, a la familia, a uno mismo, a la comunidad.

Debemos hacer un gran esfuerzo por preservar la inocencia, los buenos modales, la vestimenta adecuada, la caballerosidad, el servicio, el matrimonio, la honestidad, el lenguaje apropiado, el respeto, la bondad, la compasión, etcétera.

Los hijos no son el juguete de los padres, ni la realización de su necesidad de vivir, ni sucedáneos de sus ambiciones insatisfechas. Los hijos son la obligación de formar seres dichosos.

SIMONE DE BEAUVOIR

¿QUIÉN DEBERÍA HACER EDUCACIÓN EN CASA?

Cuando tomamos la decisión de educar a nuestro hijo en el hogar, él ya tenía más de 4 años cumplidos y al día siguiente que se quedó en casa, y pasó todo el día con nosotros, empezó a hablar por primera vez frases completas y, no sólo eso, comenzó a tener una actitud notablemente más alegre, relajada y feliz.

Desde el primer día empecé a ver frutos maravillosos. Y no era porque empezábamos un plan de horarios académicos, al contrario, lo que él necesitaba era encontrarse con sus papás, jugar, sentirse seguro y amado en todos los sentidos sin importar lo que hiciera. No había una calificación o expectativas escolarizadas. Era sólo él, su persona.

Ahora mi equipo y yo nos enfocamos en ayudar a familias a encontrar su rumbo personal y brindarles herramientas que les puedan facilitar el desarrollo de este nuevo estilo de vida.

Hemos visto muchos casos de familias que han salido del sistema y encontraron rápidamente las bondades de vivir su propio camino educando en casa; y aquí no termina la historia...

Como dijimos antes, la EDUCACIÓN EN CASA es perfecta para padres que buscan un nuevo camino de aprendizaje, que desean reestablecer lazos familiares, que no están satisfechos con el sistema actual, que cambian de ciudad o país constantemente, que buscan una vida más relajada del lado de la excelencia o cuyos hijos no encajan en el entorno social ni en el sistema.

Es ideal para las familias que necesitan un respiro porque los niños probablemente no están aprendiendo o presentan algún tipo de depresión, o han sido etiquetados como distraídos, rebeldes o se encuentran constantemente aburridos, niños para quienes el aprendizaje ya no es más que una obligación.

También debe interesarte si como papá buscas hacer ajustes económicos actuales y quieres reorganizar tus gastos con un nuevo modelo de administración.

Probablemente piensas: "no sé cómo hacerlo o por dónde empezar, siento que no tengo las estrategias o nunca me he visto como maestro, pero tengo la actitud de aprender a hacerlo y un gran amor por mis hijos".

Así que, si te identificas con uno o varios de los puntos que mencioné y estás descubriendo que ustedes como papás tienen toda la autoridad para decidir el rumbo del aprendizaje y educación de tus hijos, definitivamente... ¡es para ti!

UNA EDUCACIÓN DE CALIDAD

El hecho de que los niños estén en un ambiente de libertad, que aprendan a su ritmo físico, mental y emocional, que escojan su propia experiencia de aprendizaje natural y no estén sobre cargados de tareas y proyectos, rodeados todos los días por otros 30 niños, no significa que no haya calidad y disciplina. De hecho, buscamos la excelencia.

Pero hay que saber diferenciar las exigencias de un sistema versus calidad y profundidad. Con la EDUCACIÓN EN CASA buscamos, de una forma clara y sencilla, que los niños interioricen conceptos en forma real.

La libertad va, de la mano con el respeto y la autodisciplina impulsada por un motor interno, es contraria al libertinaje.

Muchas veces los niños más "rebeldes", están frustrados. Los adolescentes viven de adrenalina, necesitamos encontrar una forma en la que la liberen y al mismo tiempo se sientan útiles y experimenten sus propios descubrimientos e inventos, mientras se conocen a sí mismos.

Esta edad es en la que se acentúan los talentos innatos, y si les damos los recursos para que los potencialicen, tendremos más científicos, deportistas e investigadores.

La única diferencia en la educación libre y la que suscribe al sistema es una cuestión de organización y perspectiva personal, y no tiene nada que ver con la calidad.

No olvidemos que grandes científicos y músicos de renombre fueron educados fuera de un sistema tradicional, y por encima de eso, **ningún sistema ha comprobado ser una garantía de éxito en la vida de las personas.**

Cuando conoces una persona que ha sobresalido en algún ámbito, el familiar, personal o económico, no anda por la vida mostrando un papel con su título profesional, sellado por la institución o donde sea que haya estudiado. Lo que nos importa son los resultados actuales.

Wolfgang Amadeus Mozart, Thomas Alba Edison, los hermanos Wright, Justin Timberlake y Ryan Gosling son ejemplos de personas sobresalientes educadas en casa.

¿CÓMO MEJORAR LA EDUCACIÓN EN MI CASA?

Muchas familias que se han independizado y decidieron tomar el timón de su barco al hacer EDUCACIÓN EN CASA han visto frutos incomparables ya que diseñan su futuro, con objetivos y metas claras, con anticipación.

Ya se están preparando para que el carácter y las aptitudes personales sean la guía de cada niño.

Podría reformular la pregunta diciendo: ¿cómo aprenden los niños? Según el libro *Cómo aprenden los niños*, de Dorohy Cohen:

El método de la Escuela británica para infantes se basa en las perspectivas teóricas combinadas de Piaget, Susan Isaacs y Montessori, cada una de las cuales contribuyó al reconocimiento de las etapas de desarrollo (intelectual y socioemocional), la dinámica del desenvolvimiento emocional y social que afectan el aprendizaje y lo influyen, así como el valor de un entorno idóneo para los niños. Los dos primeros autores también escribieron ampliamente acerca del valor del juego en el aprendizaje durante la niñez. En la práctica, la Escuela británica para infantes se basa en la convicción de que se debe confiar en que los niños aprendan, que el juego es un camino natural hacia el aprendizaje y que debe haber abundante materia prima disponible para su uso. Las metas para el aprovechamiento son tácitas y a largo plazo, y la edad cronológica no se considera tan crucial para el aprendizaje como la madurez individual. Existe un considerable apoyo a los esfuerzos del niño, pero no hay prisa ni ansiedad por obtener resultados inmediatos, y por ello la aplicación de exámenes es mínima. Se espera que los niños aprendan a leer y escribir, pero en una clase infantil destinada a niños de cinco a siete años no se le da especial preponderancia a la lectura, la escritura y la aritmética sobre otras áreas del aprendizaje. A pesar del gran valor asignado a las dos primeras actividades como necesidad cultural (un valor de lo más evidente es la gran cantidad de libros de cuentos disponibles para niños), un pequeño que construye un vagón con madera, que pinta un cuadro o que se disfraza para actuar en una obra de teatro no es considerado menos productivo que el niño que copia letras o lee un libro (Cohen D., 1997).

He creado un marco de referencia llamado: "El Proceso del Niño Aprendiz", para ilustrar cómo los niños van aprendiendo y desarrollándose de esta manera:

El Proceso del Niño Aprendiz

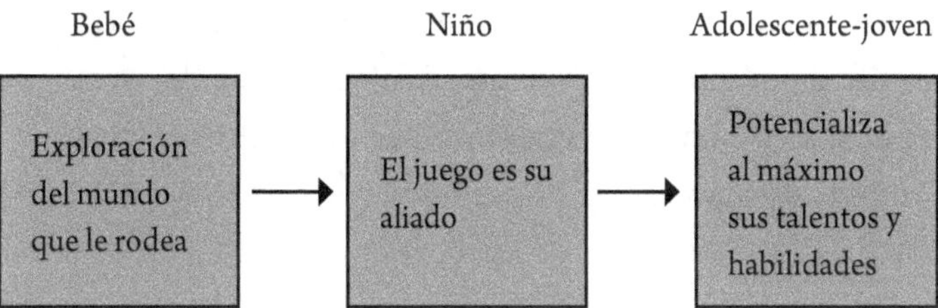

De acuerdo con el recuadro anterior, observamos cómo podemos enfocar un estilo basado en las necesidades de los chicos, según las etapas de cada uno, aunadas a su temperamento.

Cuando son muy pequeños, su propia naturaleza los llevará a hacer actividades de exploración, todo lo que les atraiga será motivo de investigar, por ejemplo: si algo se cae al suelo o se guarda en un cajón, subir escaleras, tocar las cosas y analizar si algo tiene textura de chicle, si es duro, suave o incluso, ¡si se puede comer!

En el caso de niños mayorcitos, he notado que su deseo más grande es el de jugar hasta no tener fuerzas o energía, así es como crean historias con muñecas, arman legos, trepan árboles, se convierten en superhéroes, inventan comiditas, se sientan al escritorio y sueñan a ser ejecutivos, disfrazarse de médicos, viajar por el mundo en el turista, etc. Así, van desarrollando la creatividad, imaginación y conviviendo con otros niños, de forma que, en medio del juego, los padres aprovechan para inyectar conocimientos básicos de la vida y académicos.

Los adolescentes y jóvenes, con la adrenalina en explosión, empiezan a desarrollar y a poner en práctica sus deseos de crear, inventar e investigar todo respecto a la realidad. En ellos, aunada a un proceso inicial de madurez, se encuentra la curiosidad de conocer temas interesantes, así que desarrollarán por sí solos, un anhelo de aprender y descubrir, lo cual maximizará su potencial.

CAPÍTULO TRES:

TU PLAN HACIA LA ACCIÓN

Muy lenta y dolorosamente aprendí que cuando yo empecé a enseñar menos, los niños empezaron a aprender más.

JOHN HOLT

ANTES DE CONTINUAR

Te muestro una pequeña lista de personas de renombre y exitosas que fueron educadas en casa (Kim, 2016):

Alexander Graham Bell (científico e inventor). Su madre le enseñó en casa hasta los 10 años, edad en la que entró al bachillerato. A los 15 años continuó sus estudios con su abuelo, un famoso orador, con quien tuvo espacio para seguir su verdadero interés: el sonido.

C. S. Lewis (autor, mejor conocido por su saga: Las crónicas de Narnia). Su madre le enseñó en casa hasta los 13 años, cuando entró a la escuela. A los 16, siguió sus estudios con un tutor en preparación para los exámenes de admisión para la Universidad de Oxford.

John Muir (naturalista, explorador, autor). Asistió a la escuela hasta los 11 años, cuando su familia se mudó de Escocia a Estados Unidos, donde por los siguientes 10 años trabajó a las órdenes de su padre, quien era muy riguroso en las encomiendas que le daba en la granja familiar. Él estudiaba por su cuenta en las noches. A la edad de 21, se liberó de su padre legalmente, trabajó y se pagó sus estudios universitarios.

Benjamin Franklin (científico, inventor y uno de los padres fundadores de los Estados Unidos de América). Fue el decimoquinto hijo de una familia de 17 niños, sólo tuvo dos años de escuela, de los 8 a los 10, cuando dejó de asistir para trabajar en la tienda de su padre. De ahí en adelante fue totalmente autodidacta. A los 20 años desarrolló su famosa "Lista de virtudes", para regular su carácter y sus faltas.

Agatha Christie (autora y dramaturga). Fue totalmente educada en casa, a pesar de que sus dos hermanos mayores acudían a una escuela privada. Se enseñó a leer a los 5 años, su padre le enseñó la escritura y las matemáticas. Continuó su educación con tutores.

Thomas Alva Edison (inventor). Sólo asistió a la escuela tres meses. Después de la desagradable experiencia escolar, su madre decidió enseñarle en casa.

Louis Armstrong (El rey del *Jazz*). Nacido y criado en uno de los barrios más pobres de Nueva Orleans, tuvo una infancia muy difícil. Algunas biografías señalan que asistió a la escuela hasta el quinto grado, más o menos a los 11 años, cuando dejó la escuela. Después, por espacio de un año, estuvo en una escuela reformatoria, donde estudió música.

Y la lista sigue…

¿CUÁL ES EL CAMINO MÁS SENCILLO PARA EMPEZAR LA EDUCACIÓN EN CASA?

Todo comienza desde que tomamos la decisión. La dificultad o el proceso depende de cada persona, de cada proyecto de vida y de lo que se idealice.

A continuación, te presento cinco pasos para hacerlo lo más sencillo posible, sin embargo, como todo, requiere esfuerzo, disciplina y una actitud proactiva.

Los expertos en este tema recomendamos que lo hagas por escrito, ya que al plasmarlo, tendrás una visión más clara de lo que quieres hacer en este camino.

Proyecto familiar: Hacia donde queremos ir y qué queremos corregir. Es importante que los niños se sientan incluidos en la visión y en la planeación de los nuevos objetivos, ya que cuando les damos la oportunidad de participar activamente en algunas decisiones diarias, en los pequeños detalles y en sus propios análisis, logramos una mejor colaboración de todos y podemos trabajar con mayor armonía.

Investigación: Es muy importante estudiar, informarnos en todos los ámbitos tanto legales y académicos como de convivencia. Si ya tomaste la decisión de hacer EDUCACIÓN EN CASA, revisa la actualización de los documentos oficiales de gobierno de tus hijos: pasaporte, visa, etcétera.

Vacaciones académicas: Recomendamos tener un tiempo de desescolarización, sin prisas, sin angustias. Es un tiempo para despojándonos de paradigmas y estructuras mentales. Esto ayuda a que padres e hijos se conecten de nuevo o afirmen sus lazos.

Conoce el corazón de tus hijos: Intégrate con ellos, conócelos, acércate, juega con ellos, adéntrate en su mundo y comienza a ser parte de él. Identifica claramente su tipo de temperamento, sus miedos, frustraciones, así como todo lo que les gusta y los hace sentir felices.

Haz un plan de acción: Con un objetivo en mente, traza una guía o ruta con un inicio, pasos a seguir y una meta, de acuerdo con los puntos anteriores. Es un mapa que nos ayudará a tener una estrategia. Por lo regular sucede que, de cuando en cuando, cambian ciertos enfoques conforme vamos avanzando. Eso está bien siempre y cuando se vayan ajustando a una mejoría.

Parte de nuestro taller o *coaching* personalizado te ayuda a profundizar cada uno de los puntos anteriores y te lleva de la mano, paso por paso.

¿CUÁL ES LA MEJOR ESTRATEGIA?

Si debiéramos responder la pregunta que da título a este apartado, caeríamos de nuevo en las comparaciones y en darle más significado a un sistema o metodología que al niño y a la familia en sí. La diversidad de estilos más bien nos ayuda a ubicar herramientas para vivir y alcanzar los sueños.

Cada familia va formando su propio destino, su visión de la vida, su estrategia de libertad fuera de los paradigmas establecidos para que todos seamos iguales y podamos ser calificados bajo los mismos parámetros.

Un niño puede ser escolarizado o no serlo, utilizar currículo, o *unschooling* o mezclar ambos e intentar aplicar el sistema de más alta calidad y, sin embargo, no ver frutos. Por otro lado, pueden cumplir las metas y los objetivos que se han trazado y establecido como familia y aprovechar cada instante, cada situación como un aprendizaje y saber obtener el máximo provecho.

El mejor método te lo dictará la personalidad del niño y ustedes como familia. Hay que estudiar, investigar, indagar, observar todas las formas en las que podemos aprender.

Uno de los lineamientos de la EDUCACIÓN EN CASA, para decidir qué clase de estudio quieren implementar, consiste en aprender a identificar a tu hijo y nunca caer en el error de querer cambiar su personalidad para que tenga la que *tú piensas* que debe ser o es la *mejor*. Observa algunos rasgos de personalidad que podrían describir a tus hijos:

Estructurado: Le fascina el orden, seguir instrucciones al pie de la letra, le gustan los programas donde la información es, en su mayoría, escrita. Son niños pacíficos y pocas veces reniegan.

Visual: Necesita imágenes para entender, ya sean reales o dibujos, documentales atractivos, etc. Estos niños difícilmente entenderán algo nuevo cuando alguien sólo está hablando de ese tema.

Auditivo: Le gusta escuchar a los demás, te pone atención cuando le explicas. Gustan de la música y son sumamente perceptivos de lo que sucede a su alrededor.

Kinestésico: Ellos aprenden armando, pegando, tocando las cosas, experimentando. Por lo regular no son inquietos y tienen mucha paciencia, pueden pasar horas construyendo algo fascinante.

Inquieto: Son deportistas, corren, tienen demasiada energía. Ellos aprenden en el juego rudo, en medio del movimiento. Tienen tanta inteligencia que el día no alcanza para que absorban todo lo que su mente les exige.

Introvertido: Niños serios, callados y que no les gusta mucho estar entre la gente. Prefieren el aprendizaje autónomo y bajo la observación. Por lo regular ellos también son auditivos.

Sigo con mi testimonio: En la Navidad del 2014, unos familiares le habían dado unos regalos a nuestro hijo, fue el siguiente febrero (2015) cuando tomamos la decisión de educar en casa. Anteriormente te platiqué su proceso instantáneo del habla, pero no sólo fue eso, sino que comenzó a preguntar. Quería saber quiénes le habían dado esos juguetes. Él decía: "¡Oh, gracias! ¡Gracias!". No terminábamos de asimilar lo que estaba sucediendo.

Nos dábamos cuenta de que las mejoras en él, que anteriormente veíamos tan difíciles, se suscitaban del sencillo y simple hecho de quitar todos los estereotipos que teníamos como padres y las metas que nosotros queríamos que lograra para que él se sintiera libre y amado.

Conforme más me empapaba de información, de alternativas al: *¡¿qué hacer?!*, fui comprendiendo que necesitábamos darle su propio espacio. No me malentiendas, me considero una persona que busca la disciplina. Sin embargo, era más importante trabajar mi relación con él que cualquier cosa que tuviera que ver con lo académico.

Así, durante un año, pasé por un proceso de desescolarización. Quebrando moldes y estructuras que me habían formado durante toda mi vida. Fue bastante difícil aceptar el hecho de que yo no decidiría cada una de las cosas que yo pensaba que debíamos comprar de sus útiles académicos, tampoco tomaría todas las decisiones, ni estaría diciendo todo el tiempo lo que "había que hacer".

Tenía "grandes planes" académicos para mi hijo, y poco a poco me iba dando cuenta de que no iba a funcionar de la manera que yo pensaba, ni en la manera como yo misma fui educada. Todo aquello era en vano. Estaba cayendo en la misma trampa de querer meter un sistema a nuestra casa y determinar el futuro académico del niño a *mi mejor* manera de pensar. Conforme pasaron los meses, empecé a darle el control de su propio diseño de ideas, comencé a observar sus intereses muy de cerca y en silencio y a dejarme guiar para ver cómo podríamos aprovechar eso para que se convirtiera en un **aprendizaje divertido y funcional**.

Sigue leyendo para que sepas qué sucedió más adelante.

La EDUCACIÓN EN CASA es sumamente efectiva y Universidades de renombre, tales como Harvard, prefieren los alumnos que no han sido escolarizados, pues tienen un mayor interés en las materias, en su carrera e incluso son alumnos más maduros y responsables.

La Revista ABC cita a Irene Briones: "En la Universidad de Harvard se rifan a los chicos que han sido educados en casa". La catedrática de Derecho Eclesiástico e investigadora de la Universidad Complutense de Madrid, que organizó el último congreso sobre *homeschooling* celebrado en España en 2019, abunda:

> No se pide tanto una nota media elevada. Es más importante que el alumno posea destrezas y habilidades. Y los *homeschoolers* tienen agilidad mental, gran capacidad de trato, son personas más independientes y autónomas, tienen menos miedo a la vida...

Y no se trata de la única universidad. Según Laura Mascaró (2014), en una nota para *El observador*:

> Muchas universidades reservan cupo para *homeschoolers*: La diferencia está en la forma de aprender. Por eso es que muchas universidades reservan cupos para ellos, porque son jóvenes que no han perdido la

curiosidad y el interés por aprender, que no estudian memorizando y que suelen hallar soluciones creativas a los problemas que se les plantean.

Las universidades reservan plazas para jóvenes más maduros y responsables.

La clave está en el niño. Si quieres encontrar lo mejor para tu hijo, tienes que estudiarlo a él. No estamos acostumbrados a profundizar la personalidad de cada niño, así es, seguimos casados con el molde donde todos encajamos en el mismo recipiente. Se nos enseñó a darnos todo ya hecho. Tenemos y buscamos programas hechos, diseños hechos, métodos hechos, estructuras terminadas para facilitar todo sin tener que usar la propia creatividad. Sin embargo, la profundidad del verdadero aprendizaje en este tipo de sistemas es casi nula.

Te explico: El niño tiene que descubrir el potencial interno, sus gustos, aprender a desenvolverse tal y como él es: explorar, buscar, indagar, volver a cuestionarse, aburrirse, pensar, meditar, crear, y así es cómo será capaz de descubrir el mundo.

No se trata de presionarlo más en aquello que no se le facilita sino de darle más herramientas para que se haga excelente en lo que se le da con facilidad. Cuando hay interés, el aprendizaje viene por sí solo.

Entonces, este último se convierte en parte natural de la vida y no en un cúmulo de paquetes de memorización.

En una entrevista realizada al Director del Instituto Arno Stern, André Stern (2019) menciona lo siguiente: La neurociencia ha demostrado que el aprendizaje real está conectado con las emociones, éste sucede si se activan nuestros centros emocionales. Cuando algo no nos interesa o no nos emociona, aprender entonces sólo será un momento pasajero, es por eso que también se ha comprobado que se nos olvida 80 por ciento de lo que deberíamos saber. El otro 20 por ciento retenido es aquello que nos pareció interesante y cautivó nuestras emociones.

¿CUÁLES SON LOS DIFERENTES SISTEMAS DE EDUCACIÓN EN CASA?

Uso el término "sistema", para que te identifiques con la pregunta, sin embargo, no se trata de sistemas, se trata de los estilos de vida que cada familia escoge.

> *Todos somos unos genios. Pero si juzgas a un pez por su habilidad de escalar un árbol, vivirá su vida entera creyendo que es un perdedor.*
> ALBERT EINSTEIN

Existen tres formas de educar en casa, en cada caso, las familias escogen los modelos de acuerdo con sus necesidades.

Currículo: *Homeschool* tradicional

Este estilo es el que más se apega a la estructura escolarizada tradicional.

Existen escuelas "sombrilla" o a distancia que proveen un plan de estudios donde los niños siguen guías escolares de estudio con calificaciones por mes, bimestre y anuales. Así, se obtiene un certificado por año que aprueba la educación formativa académica del alumno.

En este tipo de sistemas se lleva un horario rígido, casi como si se estuviera estudiando en la escuela, y es necesaria una atención personalizada para cada niño. Por lo regular, cuando no entienden algún tema, los papás optan por contratar algún tutor externo. Así, los niños van muy a la par del sistema escolar, sin embargo, no tienen la misma presión ni deben tener la edad exacta que marca el sistema para cada grado. Se realizan proyectos de ensayo según el programa y no hay otros competidores o comparaciones con otros estudiantes.

Si son niños que, por algún motivo, no encajan en la escuela, en casa se sentirá liberados de la presión social. Igualmente, cuando los padres no están de acuerdo en algún tema obligatorio de las escuelas, por ejemplo, la imposición de la ideología de género, los papás pueden optar por escoger un currículo que cumpla con todas sus expectativas como familia, según sus valores y costumbres.

Los papás que deciden llevar esta formación casi siempre están muy enfocados en los certificados, las calificaciones y la universidad.

Por otro lado, es necesario que investigues, de acuerdo con tu país. Algunos gobiernos exigen que los niños tengan certificados por cada año cursado desde la primaria.

Educación libre o no formal: *Unschooling*

El segundo tipo de educación, el *unschooling*, es una forma completamente exenta de sistemas o metodologías en la que se alienta a los niños a buscar sus propios intereses de aprendizaje. Los papás fomentan el juego, la literatura, el arte y la exploración de la naturaleza, aspectos que se vuelven el centro del aprendizaje. Puesto que nunca dejamos de aprender, en este sistema se busca un entorno en el que cada cosa sea motivo para profundizar en el conocimiento de algo nuevo y fascinante.

El aprendizaje se busca todo el tiempo de manera natural en cualquier entorno: casa, parque, museo, biblioteca, bosque, etc. Los papás tienen que estar listos y prepararse con una comunicación constante y atención a las preguntas que hacen los niños, así como estar muy conectados con sus intereses para poder proveerles las herramientas que los ayuden a investigar e ir muy a fondo en cada tema.

El *unschooling* convierte todo en un "laboratorio y lugar de ciencia", porque en todo hay matemáticas, gramática, vocales, colores, valores, naturaleza, etc. Es muy común que se aliente la participación en la limpieza en el hogar, las artes culinarias y plásticas, la música y las múltiples culturas junto con sus idiomas.

Esta formalidad llama a la independencia a los niños, para que sean autodidactas, para que logren el mismo nivel o incluso, en ocasiones, que superen el conocimiento académico tradicional. En ese sistema se formó el Francés André Stern, quien el día de hoy es un hombre reconocido por sus conocimientos en varios temas muy distintos entre sí.

Los viajes en familia son una fuerte característica del currículum del *unschooling*, para que los niños no sólo tengan conocimientos a través de libros sino a partir de experimentar y conocer de cerca diferentes culturas en su país de origen y en distintas partes del mundo. Así como pueden visitar una granja y aprender a cerca del ganado y el sembradío, también pueden ir a un museo de arte, de historia, por ejemplo, donde se exponen los sucesos de la Segunda Guerra Mundial o del país en el que radiquen, así como el centro espacial de la NASA, entre otros lugares.

Educación mixta: *Mix schooling*

Esta formalidad es una combinación de los dos estilos anteriores. En parte se toman los beneficios del *homeschool* tradicional y del *unschooling*.

Se aprovechan las ventajas de cada uno de los dos métodos, los papás integran materias de algún currículum que se adapte a sus necesidades, o libros de alguna plataforma educativa pero también les permiten a los niños escoger cosas que les guste aprender.

Esta opción se enfoca en intensificar las áreas de aprendizaje que son interesantes para el niño, dándole refuerzos de cultura, en conjunto con materias de gramática, ciencias: matemáticas, sociales y naturales.

Se combinan currículos de varias plataformas. Algunas cosas se aprenden en línea y con tecnología, y otras se pueden aprender en el campo. En algunos temas se usan libros y en otros, museos o viajes; la libertad está a la mano, junto con las obligaciones diarias y probablemente permanentes durante varios años.

Por lo regular también se inclina a hacer a los niños partícipes de las labores del hogar, desde la limpieza hasta la cocina. No participan de un certificado anual, sino que esperan a terminar la primaria mediante regulaciones del gobierno que ofrecen de manera gratuita y después terminar la secundaria.

Algunos de estos chicos no realizan la preparatoria porque adelantan sus carreras de música, *ballet*, chef, artes plásticas. También hay jóvenes que empiezan a monetizar un negocio que aprendieron desde que eran más pequeños, como algún negocio familiar o personal del cual reciben ganancias que saben que irán creciendo conforme se adentren más. Esto también aplica en el *unschooling*.

Te doy sólo tres ejemplos de jóvenes que desde muy temprano comenzaron a construir un imperio que les genera ingresos bastante altos y no cuentan con una carrera universitaria pues no tienen tiempo para ello mientras se ocupan de hacer crecer sus negocios:

México

Yuya, una famosa *youtuber* que ha logrado sobresalir como *influencer* en redes sociales como Facebook, Instagram y YouTube por medio de videos, consejos, y una línea de cosméticos que lleva su "nombre". Según nuevamujer.com, Yuya gana por mes de 50 mil .9 a 93 mil .7 dólares.

Estados Unidos

Mark Zuckeberg, el creador de Facebook, dejó la universidad en 2005 para concentrarse en su empresa. Según el portal *misalario.org*, el joven empresario gana diariamente alrededor de 1 millón 905 mil 936 dólares con 52 centavos (2020).

Según el medio *Líder empresarial* (2020), Kylie Jenner, con tan sólo 22 años, tiene un capital que alcanza los mil millones de dólares, resultado de la venta de cosméticos de su marca *Kylie Cosmetics*. La empresa estadounidense opera desde 2015 en Oxnard, California, principalmente, a través de compras online. Actualmente, Kylie, su propietaria, es la multimillonaria más joven del mundo.

¿QUÉ CURRÍCULO O PLAN DE ESTUDIOS PUEDO UTILIZAR?

Tomando en cuenta todo lo dicho anteriormente, te presento algunos de los muchos currículos o escuelas en línea que ofrecen la opción de certificación anual:

Datos al 2020

Plataforma	Certificación	Libre opción	Bilingüe/ opción español	Costo	Enfoque	Metodología
A Beka Book	Sí / EUA	Sí	Sí	Medio	Cristiano	Estructurado
ACE	Sí / EUA	Sí	Sí	Bajo	Cristiano	Autodidacta
Educazion	Sí /EUA	Sí	Sí	Bajo	Cristiano	Constructivista
Mati-homeschool	Sí / EUA	No	Sí	Medio	Laico	Personalizado
Libros Águila	Sí / EUA	Sí	Sí	Bajo	Cristiano	Tradicional
Khan Academy	No	Sí	Sí	Gratuito	Laico	Apoyo académico
INEA México/ EUA	Sí / México	Sí	No	Gratuito	Laico	Tradicional
SEP	Sí	Sí	No	Gratuito	Laico	Tradicional

En mi plataforma www.mividaorganica.com, en la sección de EDUCACIÓN EN CASA, ofrecemos opciones desde *coaching* personalizado, cursos y videos, entre otras, donde explicamos detalladamente cómo puedes aprovechar uno o varios de estos programas.

Puedes utilizar casi todas las opciones anteriores, ya sea que te decidas por cualquiera de los tres tipos de práctica.

Hay metodologías que no tienen una sola plataforma sino que más bien llevan el apellido de personas que fueron pioneros en descubrir pedagogías enfocadas. Destacan las metodologías Montessori y Waldorf, de las cuales menciono algunas características a continuación:

MONTESSORI	WALDORF
Dirigida por los niños	Centrada en los niños
Edades mixtas	Misma edad
Libre elección de actividades	Currículo propio
Método científico	Fantasía e imaginación
Temprana lectoescritura	Tardía lectoescritura

Ambos buscan una educación integral y dan mucha importancia a la vida práctica diaria y a la integración de los niños en el mundo real.

Muchos papás optan por hacer su propio currículo. Al identificar el camino que quieren recorrer y lo que el niño quiere ir aprendiendo, van armando una estrategia personalizada de varias plataformas, librerías, bibliotecas, etcétera.

A todo esto les agregan actividades físicas, viajes, paseos a museos, exposiciones, excursiones, parques, aprenden casi todo tipo de artes, asisten a eventos o reuniones con otras familias o asociaciones que educan en casa.

Por supuesto que hay muchas más herramientas de las que yo menciono aquí, pero como puedes ver, el proceso es tan interesante como se ve y lo único que debes hacer es escoger y avanzar poco a poco.

¿CUÁL ES EL LUGAR ADECUADO?

Recuerda que tu mentalidad ahora es mucho más amplia que cuando pensabas que todo tenía que ser en un "lugar determinado". Se trata más bien de un espacio. Puedes aprovechar cualquier espacio:

Casa

- Sala
- Comedor
- Cuarto diseñado con materiales de estudio.

Naturaleza

- Parques
- Bosque
- Montañas
- Granjas.

Viajes

- Excursiones
- Estadios
- Otras ciudades o países con diferentes culturas.

Negocios

- Comercios
- Empresas.

Arte

- Teatro
- Cineteca
- Edificaciones antiguas.

Ciencias

- Laboratorio
- Hospitales
- Bibliotecas
- Librerías
- Lugares temáticos.

General

- Servicios públicos
- Estadios
- Competencias deportivas
- Entretenimiento.

Existen muchos grupos de educadores en casa que se reúnen para convivir y formar equipos de visitas.

¿CUÁNTO CUESTA HACER EDUCACIÓN EN CASA?

El costo es el centro de una pregunta muy común que los papás se hacen. Algunos piensan que se necesita un nivel socioeconómico alto y otros creen que es gratis.

Todo depende de cuánto investigues, de cuáles sean los planes y de cuánto estés dispuesto a invertir en los materiales necesarios.

Ojo: Es muy importante que antes de pagar algo estén bien seguros de que sí lo aprovecharán. Si lo dudas, busca algo similar o más económico para hacer pruebas. Si no *funciona*, el gasto no habrá sido tan fuerte. Además, a veces pasa que simplemente no era el momento. En ese caso, guardas esos recursos y vuelves a intentarlo más adelante.

Material

Afortunadamente hoy tenemos acceso a mucha información gratuita en Internet: libros en oferta o promociones, juegos de mesa, microscopios elementales, etc. También hay cursos o paquetes que valdrá la pena comprar. Considera que, si tienes varios hijos, probablemente puedas conservar determinados artículos como parte de tu material de estudio para todos.

Fuera de casa

Un viaje no necesariamente tiene que ser costoso, sin embargo, sigue siendo una inversión. Puede ser un viaje al otro, lado del mundo o un viaje en carretera en tu propio país. De pronto, puedes encontrar un vuelo a un país lejano a buen costo y en un hotel que se adapte a tu presupuesto. Al final, recordemos siempre que lo importante es el aprendizaje.

En casa

Internet
Televisión de paga
Mobiliario

Espacio acondicionado y cómodo (opcional)

Servicio doméstico, en algunos casos o circunstancias.

¿Qué herramientas necesito para empezar la EDUCACIÓN EN CASA? Yo recomiendo tener un espacio donde haya todo tipo de información y recursos a los cuales los niños puedan acudir con libertad para responder casi todo tipo de preguntas y obtener conocimiento.

Es muy importante despertar su curiosidad y que sean ellos quienes quieran acudir a ver *qué hay*.

Básico

Computadora con internet (siempre bajo supervisión)

Impresora

Muchos libros

Mesa de trabajo al nivel del niño

Colores

Lápices

Borradores

Sacapuntas

Tijeras

Reglas

Pegamento

Crayones

Pinturas

Hojas blancas y de colores

Libretas

Entre otros.

Intermedio

Material didáctico
Juguetes para aprender
Mapamundi / globo terráqueo
Material de manualidades
Cajonera con espacios y repisas
Instrumentos musicales
Material para cocinar.

Avanzado

Instrumentos de laboratorio y ciencias
Programas de idiomas
Herramientas básicas de:

- Construcción
- Mecánica
- Ingeniería
- Carpintería
- Robótica
- Recursos artísticos.

El material se puede ir adquiriendo poco a poco y acomodando según los intereses de cada niño y la familia.

¿CÓMO SE PUEDE CERTIFICAR LA EDUCACIÓN ACADÉMICA?

Uno de los mayores temores que enfrentan los papás que desean educar a sus hijos en casa es el tema de la legalización (te explico más adelante) y sucede otro tanto con la certificación académica.

Según el país en que te encuentres, hay diferentes tipos o formas de certificar:

Es muy importante que investigues si en tu país la desescolarización es legal, o si puedes presentar certificados ante el gobierno donde compruebes que tu hijo lleva un sistema de educación oficial.

En los capítulos anteriores te mencioné algunas plataformas que facilitan certificados de estudios. En México la forma más común y gratuita es pública y varía según el grado escolar:

- Primaria: INEA
- Secundaria: INEA
- Preparatoria: en línea o examen CENEVAL.

Ya sea que hayas escogido un currículo con escuelas que ofrecen certificación o que decidan mezclar metodologías y otras cosas fuera de un sistema en sí, también puedes optar de forma gratuita y acreditar por medio de las opciones gubernamentales.

LEGALIZACIÓN

En esta sección vamos a aclarar dudas al respecto, ya que es una de las preocupaciones más grandes que tienen los papás. Es importante que preguntes en tu país si existe algún apoyo por parte del gobierno para poder acreditar primaria y secundaria, si es que deseas hacerlo.

En Estados Unidos hay aproximadamente 2 millones de niños desescolarizados o que hacen *homeschool*. Ahí es legal, dependiendo de cada estado.

En Canadá funciona de la misma forma que Estados Unidos: cada estado tiene sus leyes, pero en general, la EDUCACIÓN EN CASA sí es legal.

Algunos países europeos, como España y Holanda, la permiten, pero vigilan minuciosamente a las familias que la ejercen.

En México aún no se tienen cifras oficiales de cuántos niños estudian en casa, así como tampoco existe ninguna regulación al respecto, es decir, no hay leyes que lo prohíban o lo aprueben. Te explico:

Priscila Salazar publicó en el portal *supraescolar.com* lo siguiente:

> Las leyes que regulan la educación en México establecen su obligatoriedad y también la obligación de los padres de llevar a sus hijos a la escuela; pero no marcan ninguna sanción al respecto, es decir, ni en el Código Penal Federal, ni en ningún otro Código, Ley o Normativa aparece un delito llamado "no llevar a tus hijos a la escuela", no existe y, al no existir, no es delito, no se puede castigar (Salazar, 2018).

El derecho de los niños es a la educación, no a la escuela, razón por la cual los padres que educan en casa no están cometiendo ningún tipo de delito, porque no están privando a sus hijos de su derecho.

Al respecto, hay una ausencia de reglamentación concreta. Este vacío legal u omisión del texto de la ley, se traduce en que no hay una sanción por no llevar a los hijos a la escuela, entonces no es delito, aunque se esté incumpliendo una obligación ciudadana.

El *homeschooling*, como tal, es mencionado en la Ley General de Educación y en el documento "Recomendaciones para la revalidación de modelos alternativos de educación básica". Tanto la ley como las recomendaciones aclaran que la EDUCACIÓN EN CASA no es legal, de acuerdo con el artículo 31 de la

Constitución (1917) [2020], pero que, considerando el artículo 26 de la Declaración Universal de Derechos Humanos, México tolera que los padres elijan educar en casa, aunque para tener certificados de estudios deberán elegir entre cursar el INEA o apegarse a un currículo extranjero de un país donde el *homeschooling* sí sea legal, como Estados Unidos.

Quiere decir que la SEP está consciente de que existen muchas familias que educan en casa y ellos consideran mecanismos para que los niños así formados puedan obtener certificados válidos de estudios.

Podemos entender que los mexicanos tenemos el derecho de ejercer la educación en el hogar, según la Constitución.

Si tú vives en otro país, es indispensable hacer todas las investigaciones necesarias antes de tomar una decisión. Por ejemplo, en Alemania y Rusia está prohibido educar a los hijos en casa.

Antes de tomar una decisión recomendamos que verifiques los documentos necesarios para hacer trámites legales como la visa y pasaporte, debido a que, puede que pidan expedientes de certificación o comprobante de estudios.

Padres que trabajan fuera de casa

Para un papá o mamá que trabajan fuera de casa, parece prácticamente imposible el hecho de educar en el hogar. Pero, sí se puede, muchos papás lo hacen. El tema de la educación es, en gran parte, un tema de organización. Cuando los papás están convencidos de que educar en casa es la mejor decisión, buscan la manera de solucionarlo.

En la mayoría de los casos, cuando se trata de niños muy pequeños, yo recomiendo que no tengan ninguna prisa por "integrar" un sistema, eliminando por completo el uso de aparatos electrónicos cuando no están con los papás.

La *idea,* a esta edad, es proporcionar las herramientas anteriormente mencionadas para que ocupen el tiempo aprendiendo de manera libre con el juego.

Cuando son chicos más maduros o a quienes les podemos dejar ciertas tareas bajo supervisión de un adulto, y con esto me refiero a que aún no pueden estar solos, entonces les enseñamos a realizar sus labores de manera independiente y a dejar pendiente aquello lo que no hayan podido realizar.

Por ejemplo, cuando van a la escuela, en la mayoría de los casos, los papás que trabajan dedican al menos un par de horas para ayudarles a los hijos con las tareas. De la misma manera pueden organizar currículos en los que dediquen, en caso de ser necesario, el mismo tiempo aproximadamente para llevar la EDUCACIÓN EN CASA.

Cuando los papás tienen que dedicar tiempo a su trabajo, fomentan la actividad o las tareas autodidactas. Para esos casos existen programas académicos que facilitan ese tipo de aprendizaje.

Hay algunos que hacen acuerdos con familiares muy cercanos para apoyarse durante algunas horas al día para el cuidado y supervisión de los hijos, mientras los papás están fuera de casa. Lo mismo hacen en sus trabajos, al pedir apoyo con los horarios o realizar *homeoffice.*

Algunas familias incluso buscan trabajos más viables que les permitan pasar más tiempo con los hijos.

La clave está en hacer una estructura que se acomode a tus horarios y que permita una amplia comunicación con tus hijos.

¿CÓMO APROVECHAR AL MÁXIMO LA EDUCACIÓN EN CASA?

Tengo la esperanza de, hasta este punto, haberte transmitido que hacer EDUCACIÓN EN CASA no se trata simplemente de traer la escuela a la casa. Tampoco se trata de no hacer nada y dejar que las cosas simplemente sucedan por que sí.

La idea es potencializar el papel de cada uno de los miembros de la familia y juntos alcanzar los sueños y metas que se hayan propuesto.

Cuando nuestro hijo finalmente habló, no sólo fue eso sino que mostró un espíritu más tranquilo y alegre. Entonces empezamos a adentrarnos en su corazón.

Comenzó a mostrar un gran interés por el sistema solar, fue el tema en sobre el cual que quiso pintar, pegar y armar. Le dábamos completa libertad, juntos buscábamos un ejemplo que le gustara y comprábamos el material que él mismo escogía para su propio diseño. Hicimos muchos sistemas solares de todas formas, tamaños y materiales.

A la par, reforzaba conocimientos de números, colores, letras y su motricidad fina. Siempre estaba ansioso por conocer más. Era tanto su deseo de aprender, que escogía libros del tema en vez de juguetes.

Y así fue como vino la lectura. Compramos letras de madera de distintas formas y comenzamos a enseñarle a identificar los nombres de cada uno de los planetas y de pronto, sin darse cuenta, ¡ya estaba leyendo!

Durante esa época, por coincidencia, mi hijo se encontró un amiguito de él que lo animaba a regresar a la escuela. El amigo lo convenció. Como hemos aprendido a no imponer nuestras ideas en el aprendizaje, accedimos a que regresara. Cuando ingresó nuevamente a tercero de kínder, las maestras no podían creer el cambio tan drástico en el comportamiento de nuestro hijo. Cuando se dieron cuenta de que leía con gran facilidad, ellas estaban en shock.

A pesar de su nuevo éxito académico, después de 5 meses, nos pidió volver a estudiar en casa, lo cual nos demostró que, para él, el ambiente y el aprendizaje en el hogar eran más satisfactorios.

Ahora que han transcurrido los años, lo estamos apoyamos con un proyecto nuevo que nos ha abierto las puertas para brindarle herramientas con nuevos objetivos de gran aprendizaje.

En el último capítulo te hablaré de estos avances.

Dedicación, esfuerzo, perseverancia, constancia, observación y disciplina; en mi expresión diría son cualidades indispensables para sacar el máximo provecho a cualquier cosa que emprendamos.

Habiendo dicho esto, tenemos una temática que prueba que es posible hacer EDUCACIÓN EN CASA con éxito.

Una vez que te hayas decidido hacer EDUCACIÓN EN CASA y quieras una explicación más detallada o personalizada, sólo háznoslo saber. Estaremos gustosos de poder ayudarte.

CAPÍTULO CUATRO: HAZ DEL *HOMESCHOOL* TU ESTILO DE VIDA

ALGUNOS DATOS MÁS

¡Felicidades! ¡Llegaste a la sección final!

Si has llegado a este punto es porque realmente estás interesado en el tema. Entiendes los beneficios que la EDUCACIÓN EN CASA le puede dar a tu familia.

Antes de que des el siguiente paso, quiero mencionar unas cuantas cosas muy importantes para asegurar que están cubiertas la mayor cantidad de preguntas posibles, entre las más comunes.

En esta sección te voy a revelar nueve errores graves que comenten muchas personas cuando comienzan a educar en casa y que quiero que evites.

También te voy a platicar siete mitos que las personas tienen en su cabeza respecto a la EDUCACIÓN EN CASA y que simplemente no son verdad. ¡Me encantará aclarártelo!

Por último, te daré a conocer otro caso de éxito de un hombre que fue educado en casa. Stern es un francés que ha sobresalido en varios ámbitos y también escribió un libro sobre su historia. Es reconocido por la manera en la que expresa cómo los niños pueden aprender sin estar envueltos por un sistema y además crecer en libertad.

NUEVE ERRORES GRAVES QUE DEBES EVITAR

Hacer EDUCACIÓN EN CASA será de gran beneficio para ti y para tu familia, pero hay errores comunes que pueden surgirte en el camino. Al evitar esos errores, ahorrarás tiempo, dinero y esfuerzo. Si tienes cuidado de no deslizarte y saber cómo brincarlos, la EDUCACIÓN EN CASA será todo lo que te imaginaste que podría ser.

1. Llevar la escuela a tu casa

Prácticamente todas las preguntas que nos hacen acerca de la EDUCACIÓN EN CASA tienen que ver principalmente con el método, el sistema, etcétera.

La gran mayoría de las personas que imaginan o tienen una idea de lo que significa hacer EDUCACIÓN EN CASA nos preguntan por la certificación, los horarios y el currículo.

Sin embargo, si a esos ámbitos se restringiera la EDUCACIÓN EN CASA, nos limitaríamos a solamente cambiar área de trabajo. Como si de eso se tratara este maravilloso y enorme tema. Pero la educación es la formación destinada a desarrollar la capacidad intelectual, moral y afectiva de las personas.

Ten en cuenta que ahora los niños ya no estarán al cuidado de sus maestros, sino de sus papás principalmente, no usarán uniforme, no habrá timbres que estén sonando constantemente, entre muchísimas diferencias que nada tienen que ver con la escuela, que es la principal preocupación de las personas que indagan el tema.

Cuando los niños están en casa, su personalidad es diferente a cuando están con otras personas. Se sienten en confianza y saben que sus papás, hagan lo que hagan, los aman.

Si implementas un sistema estricto en tu programa u objetivos, difícilmente podrás desarrollar otras habilidades naturales en los niños. Además de que, si ese sistema no se adecúa a las personalidades de tus hijos, puede que te enfrentes a que rechacen el currículum.

Y en el tema de la paciencia, entre más busquemos que el niño encuentre su propia dirección, será mucho más fácil sobrellevar las cosas.

No quieras hacer los mismos rudimentos que llevaron a tu hijo a la rebeldía, frustración, tristeza o enojo.

Por eso ahora está contigo, para que juntos, en el amor, puedan encontrar un camino más fácil y práctico para un aprendizaje dinámico, divertido y profundo de cada cosa que emprendan.

2. Implementar un sistema el primer día

¿Has escuchado que alguna persona diga: no nos funcionó, o no era para nosotros? Y, de hecho, no, sobre todo si de inmediato implementaron un sistema. Es importante que se tomen el tiempo de investigar lo que realmente quieren hacer como plan o proyecto de vida a corto, mediano y largo plazo, antes de adelantarse y comprar todo un paquete de libros y cursos, pensando que es "la mejor" opción.

Entonces, cuando sentemos a los niños, otra vez, a que hagan y cumplan todo un programa que ni siquiera les interesa o llama la atención, o simplemente con un estilo y estructura muy complicados, definitivamente, habrá dificultades.

No te adelantes. Estamos acostumbrados a que nos vendan el paquete completo y someter a los niños a algo que no es para ellos o que, tal vez, ni si quiera les hemos dado la oportunidad de probar para saber si pueden con él.

Yo recomiendo que primero *suelten* cualquier tipo de método, se desescolaricen y entonces sí, prueben con algunos temas que poco a poco vayan implementando. Observen si el niño se identifica o si la actividad o el tema resultan apropiados para su personalidad. Al hacerlo así, nosotros como papás estaremos más convencidos antes de arrancar.

3. No esforzarte

Tal vez pienses que ahora todo será fácil y marchará sobre ruedas. No nos enseñaron a conocer a nuestros hijos. Nos dijeron qué decirles, cómo disciplinarlos, qué comprarles, qué darles de comer, qué deben y no deben hacer, sin embargo, es más tardado conocer su voz interior y adaptarnos a los cambios junto con ellos, a ser proveedores e investigadores recurrentes.

Es preciso entender a los niños y sus limitaciones, sus miedos, necesidades, sueños, capacidades e intereses. Aceptar sus gustos toma tiempo y paciencia, y al decir paciencia, me refiero a que no es de la noche a la mañana. Hay que jugar con ellos, pasear con ellos, preguntarles de sus dudas y anhelos para poder, poco a poco, entender el gran maestro que llevan dentro y así poder ir dándoles las herramientas que necesitan.

Los papás tenemos que trabajar mucho el carácter, principalmente en el nuestro, para poder corregir a los hijos, en sus actitudes. He aprendido que cuando las personas no se interesan o creen que no pueden hacer EDUCACIÓN EN CASA es porque se temen a sí mismos y no están dispuestos a forzar y corregir sus propios errores.

No es fácil, no es gratis, no es flojear y dejar que todo se dé por sí solo, requiere un cambio de mentalidad y un gran, gran esfuerzo.

4. No trabajar

Educar en casa no significa que ya no harás nada porque todo lo hará el niño y fluirá sobre ruedas. No sientas como si estuvieras de vacaciones.

Definitivamente, esta educación tiene un estilo más relajado, pero de todas formas tendrás que llevar una organización con bases sólidas y un plan con objetivos bien definidos.

No porque ya no dependas de un sistema externo significa que ya no harás nada o que harás lo mínimo. Al contrario, ahora se trata de formar en ti y en el niño una autodisciplina con deseos de mejorar y aprender.

Se trata de que el niño forme un espíritu emprendedor donde no hay límites para crecer y seguir aprendiendo.

5. No proporcionar las herramientas necesarias

Algunas personas que están pasando por una crisis económica piensan que, al educar en casa, ya no tendrán que invertir en la educación de los niños. También piensan que ahora todo se aprenderá dentro de las cuatro paredes de la casa.

Es indispensable que el niño o joven cuenten con las herramientas y recursos para poder seguir subiendo los escalones que necesitan para llegar a la meta.

Hay que encontrar la manera de proporcionarles instrumentos necesarios para fomentar su desarrollo y que sigan teniendo interés por aprender.

Ahora que te estás convirtiendo en investigador, busca opciones: descuentos, promociones, ofertas, recursos gubernamentales gratuitos, etcétera.

Si parte de nuestro objetivo es ofrecer calidad, entonces necesitas prepararte adecuadamente y no escatimar cuando veas que un recurso será muy útil para aprender.

Invierte en tus hijos.

6. No te compares

Nos enseñaron a competir y a comparar a nuestros hijos, siempre viendo quién sabe más, quién tiene más logros, más medallas y más diplomas. Observamos si el otro niño ya lee a los 5 o 6 años, o si a los 14 habla un perfecto inglés o tiene un alto conocimiento en álgebra o física.

¿Eso nos hace felices? ¿Eso significa el éxito? ¿Eso le da valor a nuestro hijo? ¿O… lo hace sentir que sin logros aparentes (según lo que dicta la sociedad) no es aceptado?

Por lo regular cuando las familias desescolarizan o toman la decisión de seguir el rumbo personal del aprendizaje, sobre todo académico, empiezan las preocupaciones porque el hijo del vecino está haciendo esto o aquello.

Los papás comienzan a abrumarse cuando ven lo que otros niños han "logrado", lo que sea que signifique ese término. Un niño activo y con las herramientas necesarias siempre estará aprendiendo y, cuando menos te lo esperes, habrá dado pasos agigantados en su conocimiento. Lo que pasa es que ahora el crecimiento se vuelve silencioso. No hay trofeos ni estrellitas doradas, y si acaso, hay pocas calificaciones, en el caso del *homeschooling* tradicional.

Suelta los méritos aparentes de otras personas, aprende a enfocarte en tu hijo. Déjalo crecer libremente. Ponte metas realistas y acordes a su personalidad, e irán alcanzándolas conforme se lo propongan, según sus objetivos.

Tampoco te dejes guiar por las típicas críticas de los que no tienen idea de lo que significa la EDUCACIÓN EN CASA. Es normal que los que nunca han hecho EDUCACIÓN EN CASA, aunque no saben cómo funciona y sólo se imaginan a un niño encerrado en su casa lejos de sus amigos y del mundo entero, tiendan a opinar. Y sus opiniones apuntan a que tú, como papá, no estás "preparado" para hacerlo.

Prepárate y afirma tus conocimientos. Es muy importante estar de acuerdo como papás e investigar, para estar cien por ciento convencidos y seguros de lo que estamos haciendo. Entonces podremos hacer oídos sordos a lo que opinen los demás.

No le pongas una calificación a tu hijo, inspíralo a la excelencia.

7. No identificar las prioridades

Determina qué es y qué no es negociable. Debes tener claro y por escrito lo que has propuesto y estipulado en cuanto los objetivos a los que quieren llegar.

Establece fundamentos y prioridades que serán inquebrantables: valores y principios personales y familiares, normas que ayuden a tener bases sólidas.

Decide lo que no se podrá negociar académicamente, y no hablo del sistema sino del estilo. Crea tu estilo, tu método y plan. Muchos papás quieren tener el control total de lo que el niño "debe" hacer, saber y aprender, etc. Por eso la mayoría de los niños no vive en libertad. Al crear tu estilo, debes buscar la libertad de tus hijos, pero al mismo tiempo, debes establecer un orden, saber que tus hijos recibirán educación y no quedarán analfabetas.

Por ejemplo, mi hijo lleva a cabo sus propios proyectos, pero nosotros como padres tomamos la decisión de lo que "debe" saber. Al ejecutar uno de sus proyectos, le damos una guía, libros de cosas que tienen que ver con el proyecto y que le gustan. A él le gusta dibujar, así que busca tiempo para hacerlo, mientras que nosotros le pedimos que tenga un tiempo diario con Dios, que lea y toque el piano.

Hay familias que, por ejemplo, deciden si los niños estudiarán un idioma extra o algún deporte o instrumento musical. Establece prioridades de carácter, académicas y de salud. Te doy ideas de cómo puedes establecerlas:

Prioridad de carácter

> Relación con Dios
> Respeto
> Obediencia

Prioridad académica

> Idioma
> Música
> Literatura

Prioridad de salud

> Deporte
> Sana alimentación.

8. Esperar que ahora no existan batallas

Muchos padres dicen que no tienen paciencia para educar, pero el amor a los hijos supera todas las debilidades de carácter que tengamos. Si bien se ha dicho que todo lo bueno, cuesta, y la EDUCACIÓN EN CASA no es la excepción, cuando finalmente logramos relajarnos y sacudirnos el estrés y la presión, algunos piensan que todo va a marchar sobre ruedas y los niños ya no tendrán arranques de enojo o no habrá nunca disputas.

Sin embargo, los niños siguen siendo niños, y si nosotros como papás no descansamos correctamente o tuvimos un "mal día", difícilmente podremos esperar que todo funcione a la perfección y con alegría.

Parte de la EDUCACIÓN EN CASA tiene mucho que ver con el carácter y corregir áreas de nuestra vida que no han sido trabajadas o moldeadas. Es entonces cuando el amor por nuestros hijos sale a flote y, en primer lugar, debemos buscar la manera de mejorar juntos como familia.

A veces las más grandes batallas son las que dejan una huella más honda y una enseñanza más profunda en los hijos. De eso se trata en parte este libro, de exponer cómo el sistema nos ha fallado diciéndonos que el éxito son la posición económica, los bienes materiales, graduarse de la mejor universidad, formar una gran empresa, tener el puesto de trabajo ideal, viajar, etcétera.

La mayoría de nosotros conoce personas sobresalientes económicamente, académicamente, en puestos políticos o empresariales, pero cuántas de estas personas no son corruptas, o tienen su familia abandonada, o han caído en vicios, por no mencionar otros asuntos delicados.

Pon atención a los focos rojos, observa aquellas señales o alarmas que indican que algo no anda bien, que tal vez debes cambiar la manera en la que estás tratando de llevar el plan. Vuelve a sentarte, analiza, retoma caminos, descansa un poco y empieza una vez más.

9. Falta de organización

La falta de orden es un error muy común y de los más graves. Si no sabes por dónde empezar o cómo arrancar, es de suma importancia que te des el tiempo de hacer una organización semanal o mensual.

Compra una agenda, crea rutinas y formas similares de hacer las cosas desde que amanece hasta el anochecer. Los niños también deben saber que en casa hay un orden. De esa manera, van formando hábitos.

No pasa nada si de pronto cambias por completo lo que iniciaste, o mueves las piezas al ver que la estructura no se adecúa muy bien. Se trata de ir encontrando poco a poco una línea que nos vaya marcando un estilo personal en la que nos sintamos cómodos, felices y que se aproveche bien el tiempo.

Levántate temprano, duerme temprano, organiza el desayuno, la limpieza, busca el orden. No permitas que el caos te abrume. Si un día te sientes rebasado o rebasada, realiza otro plan de acción diferente, para darse el tiempo como familia de reorganizar. Enséñalos a ser partícipes de las labores de tu casa.

Todo es aprendizaje. Si tienes niños que no están en edad de colaborar en pequeños aspectos de la limpieza, entonces no intentes implementarles un sistema académico aún. Todo tiene su tiempo. Todo llega.

SIETE CLÁSICOS MITOS… ¡ACLAREMOS!

Afortunadamente ya hemos desechado muchos mitos acerca de la EDUCACIÓN EN CASA. Lo creas o no, hay unos cuantos más que tal vez no has escuchado. No hay duda de que has pensado en al menos uno o dos de estos mitos. Y ahora te voy a enseñar por qué estos mitos nunca deben volver a hacerte dudar.

Mito #1. Ya no van a socializar

La falta de socialización: ¡un clásico de clásicos! En primer lugar, esa frase es incorrecta. Existe una enorme diferencia entre socialización y convivencia. La socialización es parte de la vida cotidiana. Desde el momento en que empezamos a tener interacción con otras personas, estamos aprendiendo a entrar en un entorno social.

Precisamente de eso se trata, de aprender en casa cómo integrarnos en una sociedad con convicciones firmes y sólidas. Actualmente el entorno escolar no es el mejor lugar para aprender a socializar, entre los niños hay: rivalidades, burlas, acoso, intimidación, temor, peleas, abusos, competencias y, de vez en cuando, surge una amistad, por lo regular, pasajera. La escuela no es el único espacio donde se aprende a socializar, y tampoco es el mejor.

Los niños que pasan menos tiempo con sus papás, o al menos no tienen tiempo de calidad con ellos, son quienes rápidamente, atrapados por corrientes sin valores, no tienen una identidad definida, por lo tanto, no aprenden a socializar.

Se trata de hacer un cambio o tener un impacto en nuestra sociedad enferma, de formar niños que, cuando convivan, sean diferentes, genuinos y seguros de sí mismos.

Mito #2. No sé cómo empezar

Intuyo que, si ya has llegado a este punto, es porque tienes una idea un poco más clara de cómo puedes comenzar, aun así, sé que al principio ¡parece abrumador!

La llave, en primer lugar, es "empezar".

No te preocupes si te sientes inmovilizado hasta este punto con tanta información, podemos ayudarte con eso.

Además de este libro contamos con cursos, videos, *coaching* en grupo o personalizados, y otras opciones para guiarte y ayudarte en el camino de la EDUCACIÓN EN CASA.

Te mostraré más detalles al final del libro.

Mito #3. No tengo la capacidad

Ninguno de nosotros nace con capacidades dotadas de conocimiento. Sin embargo, sí tenemos la capacidad de aprender y dar lo mejor de nosotros mismos.

¡Capacítate!

No tienes que ser maestro o haber estudiado la materia para hacerte responsable de tus hijos. Te aseguro que nadie en este mundo les enseñará con más amor y pasión que tú mismo.

Lo que sí debemos hacer es prepararnos y estudiar, investigar y poner manos a la obra para llevar a nuestros hijos a alcanzar sus sueños y potencializar sus talentos en su máxima expresión. Queremos formar hombres y mujeres de bien que sean buenos ciudadanos y personas responsables y competentes en todo lo que hagan.

Mito #4. No tengo paciencia

Nadie nace con paciencia, la adquirimos, la trabajamos, moldeamos nuestro carácter y emociones por el amor tan grande que tenemos para nuestros hijos.

En la EDUCACIÓN EN CASA te das cuenta de que los hijos son una extensión de ti mismo. ¿Acaso habrá alguien mejor?

Ellos son el motivo de este libro, son por quienes darías todo. No todo termina con la paciencia, más bien empieza con el amor.

Hay menos paciencia fuera de casa, menos amor, menos aceptación. Los maestros también se enojan, se cansan, incluso gritan.

Tener 30 niños, por ejemplo, en un salón de clases puede ser muy agobiante. He sabido de maestros que le han hecho mucho más daño en un ciclo escolar a un niño del que podría haberle causado un momento de inquietud o molestia con los padres.

Reparar es la clave. La impaciencia de pronto también es parte de la vida, nos invita a mejorar y esforzarnos.

Los niños incluso aprenden de los errores de los papás. Cuando te sientas cansado o veas que no hay cooperación del niño, detente y acércate de nuevo a él. Pregúntale qué le pasa, a veces las respuestas de los niños frente a un obstáculo nos enseñan mucho. Es válido tomar un descanso, cambiar la rutina y después volver a intentar.

Cuando la impaciencia es mayor que la relación, debemos poner un alto y cambiar las estrategias. Entonces viene la paz.

No te culpes constantemente por equivocarte. El error es quedarse estancado, no sobreponerse y no volver a empezar de nuevo.

Mito #5. No sé cómo hacerlo

Lo que no se experimenta no se conoce. Los maestros aprendieron en el camino, así como un bebé aprendió a caminar, los nuevos empleados de una empresa también deben conocer y aprender los sistemas de su empleador, así aprenderás tú también.

No necesitas ser experto en algo para empezar. Así como en tu niñez aprendiste a gatear, caminar y hablar, aprenderás a educar en casa.

No te dejes intimidar, ni por ti ni por nadie más.

Recomiendo estar preparados para las preguntas comparativas o despectivas de otras personas respecto a nuestra decisión. La mayoría de las personas que fueron escolarizadas creen que estamos mal o que, precisamente, nosotros como papás no "sabemos" cómo enseñar a nuestros hijos.

Es curioso pero las personas que no están de acuerdo con el *homeschooling* no tienen casi ninguna noción de lo que éste significa, toda oposición es, la mayoría de las, veces una cuestión de ignorancia.

Cuando te quieran sorprender con preguntas que posiblemente derivarían en una discusión o si aún no estas convencido de qué responder, ¡recomiéndales este libro!

Cuando emprendes el camino y poco a poco vas viendo los frutos del esfuerzo, te sorprende lo mucho que puedes hacer.

De nuevo, no tienes que hacerlo solo o sola, mi equipo y yo tenemos recursos y herramientas para ayudarte al final de este libro.

Mito #6. Van a estar encerrados en una burbuja

Ese concepto definitivamente no existe y no es posible

Salir a la tienda, al parque, al museo, a la biblioteca, viajar, practicar música o un deporte, jugar con los vecinitos o visitar a la familia son partes de un amplio abanico de opciones para conocer el mundo exterior.

De hecho, un niño que estudia en casa tiene más tiempo para salir a jugar y convivir con otros niños.

En una época, cuando nuestro hijo regresó por un tiempo a la escuela, 5 meses después de haber ingresado, nos pidió insistentemente volver a casa. Es curioso pero los niños son muy felices en casa, además de que, lejos de ser un lugar donde estarán encerrados, ¡se sienten en completa libertad!

Mito #7. Tengo que sentarme toda la mañana con ellos

Hay una gran diferencia entre dedicarles tiempo de calidad a pasar 6 o 7 horas trabajando juntos en una mesa. Esta última es la imagen que la mayoría de los papás piensa que debe de ser o que *va* a ser. Si siempre fuera así, muchas familias ya hubieran renunciado, porque esa formalidad causa estrés en ambas partes y sabemos que, en ocasiones, el estrés diario resulta en caos.

Parte de no vivir bajo un sistema rígido es darle independencia a tus hijos para que aprendan a ser autodidactas e independientes de su propio crecimiento y conocimiento.

Poco a poco irás aprendiendo a soltar el control absoluto al que estamos acostumbrados la mayoría. En un inicio, y conforme los niños van madurando y encontrando su camino, formando estructuras en su interior de disciplina y colaboración, irás dándote cuenta de cómo van dejando de ser personas dependientes de que alguien más les diga qué hacer, qué aprender, cuándo y dónde.

¿CÓMO GARANTIZAR QUE FUNCIONE LA EDUCACIÓN EN CASA?

Algunos padres dudan si realmente funciona la EDUCACIÓN EN CASA. Yo me pregunto si cuando los papás inscriben a sus hijos en clases de natación le cuestionan al maestro si hay una garantía de ellos que ganen las competencias…

Repito: La constancia, dedicación, el empeño, la disciplina, organización, el orden, la perseverancia, el amor y la paciencia forman parte de una educación integral, donde todo tiene una función específica para llegar a las metas y objetivos.

Lo que sí te puedo asegurar es que siempre se aprende, cuando hay una actitud proactiva y positiva.

Tomar riesgos es de valientes, y el que no arriesga no gana. Sin embargo, esto no es un riesgo, es un paso para hacer algo que anteriormente no era nada extraño: era la vida. Se criaba y educaba a los hijos en casa. Además, hoy el mundo se conecta por medios muy asequibles casi desde cualquier lugar.

¡Extra! Qué, si necesito más ayuda

Ésa es mi pasión. Tenemos un entrenamiento en línea, herramientas, *coaching* personalizado para cualquiera que esté interesado. Estamos aquí para ayudarte. Puedes encontrar los detalles al final de este libro.

VISUALIZANDO EL ÉXITO. UN CASO ACTUAL

André Stern, autor del libro: *Yo nunca fui a la escuela,* junto con su esposa, educan a sus hijos en casa. Es músico, compositor, conferencista, periodista y escritor. Es un gran ejemplo de una persona que creció sin ningún tipo de sistema regularizado y además vive una vida plena, la disfruta y es sobresaliente en su trabajo.

Fue nombrado Director de la iniciativa Los hombres del mañana, por el Profesor Gerald Hüter, investigador en neurobiología avanzada. Es promotor de los movimientos Ecología de la educación y Ecología de la infancia. Es Director del Instituto Arno Stern, Laboratorio de observación y preservación de las disposiciones espontáneas de los niños.

Es uno de los protagonistas del *Alfabeto,* la nueva película del director austriaco Erwin Wagenhofer, y coautor del libro del mismo nombre.

Ha tenido un gran impacto ante profesionales de la educación, trabajando en los medios y como conferencista en las universidades.

HAZLO YA

Ahora sabes que hacer EDUCACIÓN EN CASA es una forma excelente para atender eso que sabes que el sistema tradicional no aporta. También ahora sabes que es una forma muy efectiva y sólida que les dará grandes beneficios a ti y a tu familia.

Nosotros como papás hemos encontrado una riqueza incomparable, preparándonos por años para poder ir estructurando cada cosa según su propia coherencia, de tal manera, que cualquier tema de aprendizaje en nuestra casa sea profundo, emocionante y natural.

En estos momentos nuestro hijo de 9 años está escribiendo su libro en inglés basado en un tema que es de mucho interés para él y que se ha dedicado a investigar, le hemos comprado libros similares, está traduciendo, aprendiendo de la tecnología para poder redactarlo, etc. En ningún momento nosotros le pedimos que lo hiciera: se levanta y se acuesta apasionado por seguir. Está atravesando un momento de gran crecimiento y además se divierte y lo disfruta.

Me siento muy satisfecha de haber tomado la decisión de educarlo en nuestro hogar, ahora todo se ha convertido en un nuevo estilo de vida y un cambio de perspectiva respecto a la educación.

Todo lo que has aprendido está perfecto, pero ¿cómo hacerlo? ¿Cómo hacer realidad este estilo de vida que tanto has estado planeando y aún no te has animado a llevar a la práctica?

Ahí es donde mi equipo y yo entramos. Ya platicábamos acerca de cuán bueno sería tener a alguien que te guíe paso a paso para ir formando tu propio plan personalizado de una manera práctica, acertada y sencilla para tener resultados reales.

Te explico lo que hacemos: trabajamos de la mano contigo para que puedas arrancar tu plan con nuestro curso de iniciación al *homeschooling*.

Te damos soluciones específicas para que definas tu propia línea, habiendo estudiado tu situación actual personal y familiar. Te ayudamos a que definas con mayor exactitud la personalidad de cada uno de tus hijos y cómo ayudarlos a sacar su potencial en lo que emprendan.

Eres una persona interesada en ver un cambio, sabes que algo no anda bien y necesitas dar ese nuevo paso. Así que aquí estamos, te ayudaremos a que puedas lograrlo.

Tienes dos opciones hacerlo por ti mismo y hacerlo con nosotros.

Al hacerlo por ti mismo y emprender el camino de acuerdo con lo que has leído en este libro, te encontrarás con más y más preguntas y dudas. Así sucederá a lo largo del tramo inicial, debido a que tú tendrás que hacer tus propias investigaciones de cada tema, y eso te llevará más tiempo. A veces incluso dejamos las cosas de lado mientras nos ocupamos del trabajo diario. Esto alarga y hace más lento el proceso. Tal vez este libro fue suficiente, así que: ¡adelante!

Al hacerlo con nosotros, podemos llevarte de la mano y ahorrarás tiempo, dinero y esfuerzo. A mí me llevó cinco años entender, así que de esa magnitud podría ser tu ahorro. En nuestro portal proporcionamos recursos para analizar tus dudas y responder y aclarar todos esos huecos que aún no han sido llenados. Podrás visualizar de manera más amplia y concreta tu plan de acción.

Si quieres que te ayudemos a hacer este proceso más fácil, te invito a que des el paso y nos contactes en nuestra página web: www.mividaorganica.com o al correo: info@mividaorganica.com.

El caos se forma cuando el niño no tiene interés, está desanimado y no ha descargado gran parte de su energía.

Quiero agradecerte infinitamente por haber leído este libro. Me complace poder ser parte de un cambio satisfactorio y de beneficio para ti y tu familia.

Mi mayor deseo es que tengan éxito en su relación de papá-mamá e hijos, y que juntos puedan alcanzar sus sueños y vivir en armonía, a pesar de los obstáculos que vayan atravesando en este largo caminar, en el aprendizaje diario de cómo poder ser mejores padres y transmitirlo a nuestros hijos.

Nunca es demasiado tarde para empezar. Como futuro educador en casa y emprendedor de este viaje, si no te sientes satisfecho te pido que me contactes directamente para implementar mejoras, tanto de redacción, ortografía y sintaxis, como de datos que no estén muy claros.

Pero si mi libro ha llenado tus expectativas, de verdad apreciaré que me califiques con cinco estrellas en las revisiones de Amazon y en mis cuentas de Mi Vida Orgánica.

Me interesa mucho que te sientas completamente satisfecho con la información de mi libro, así que estoy abierta a escuchar tus opiniones. Envíalas por correo a: info@mividaorganica.com.

REFERENCIAS

Cohen, Dorothy, 1997. *Cómo aprenden los niños*, Zulai Marcela Fuentes y Eliane Cazenave Tapie (traductoras), *Secretaría de Educación Pública*, México.

Doin, Germán (director), y Guzzo, Verónica (productora), 2012. "La educación prohibida", [Documental], Eulam Producciones, Argentina. https://cutt.ly/ofBUf6I

Fundación Wikimedia, 2020. "Theodore Roosevelt", en *Wikipedia*, https://es.wikipedia.org/wiki/ [Consultado: en enero de 2020]

González, Verónica, 2020. "Estos son los diez jóvenes más ricos del mundo en 2020 según Forbes", en *Líder empresarial*, https://cutt.ly/IfBUjQx [Consultado: en enero de 2020]

Kim Santi, Alejandra, 2016. "Homeschoolers famosos", en *viviresaprender.com*, https://viviresaprender.com/homeschoolers-famosos/ [Consultado: en marzo de 2020]

Marcaró, Laura, 2014. "Muchas universidades reservan cupos para homeschoolers" en *Elobsevador.com.uy*, Uruguay, https://cutt.ly/tfBUlH4 [Consultado: en julio de 2020]

Pérez Vázquez, Alba, 2018. "Relación entre acoso escolar y suicidios adolescentes", tesis doctoral, Universidad de Valladolid, España, https://cutt.ly/qfBUxEt [Consultado: en julio de 2020]

Salazar, Priscila, 2018. "¿Qué tan legal es la educación en casa?", *supraescolar.com*, https://cutt.ly/6fBUE1O [Consultado: en enero de 2020]

Santirso, Jaime, 2019. "China copa la cima del informe PISA entre críticas por la presión escolar" en *El País*, España. https://cutt.ly/ofBUY2K [Consultado: en marzo de 2020]

Stanford, Matt, julio 9 del 2020. "Positive parenting 2", en *Dr. James Dobson Family Talk*, https://cutt.ly/8fBUUoR [Consultado: en febrero de 2020]

Stern, André, 2019. "Para tu hijo, jugar es tan importante como aprender", en *AprendemosJuntos*, España. https://cutt.ly/nfBUI6h [Consultado: en enero de 2020].

Valiñas, José Manuel, 2020. "No, Finlandia ya no es número uno en educación" en *El Universal*, México, https://cutt.ly/ffBUPMB [Consultado: en julio 2020]

Viajandoconsalero.wordpress.com, 2017. "Educación y cultura en la época contemporánea", en *Viajandoconsalero.wordpress.com*, https://cutt.ly/nfBUAmr [Consultado: en mayo de 2020]

Yang, Dongping, 2014. "El libro azul del reporte general de la educación China", en *Perspectivas de la investigación china sobre educación*, volumen 3, pp 11-33. https://cutt.ly/EfBUDRb[Consultado: en mayo de 2020]

Zhao, Xu, Robert L. Selman y Helen Haste, 2015. "Academic stress in Chinese schools and a proposed preventive intervention program" en *Cogent Education*, https://cutt.ly/JfBUFTt [Consultado: en mayo de 2020]

Constitución Política de los Estados Unidos Mexicanos, México, 5 de febrero de 1917 [2020].

Declaración Universal de Derechos Humanos, París, 10 de diciembre de 1948 [2020].

Instituto Nacional de Salud Pública y UNICEF México, 2016. "Encuesta Nacional de Niños, Niñas y Mujeres 2015", en *Encuesta de Indicadores Múltiples por Conglomerados 2015.*

Informe Final. Instituto Nacional de Salud Pública y UNICEF México.

Significados.com, 2019. "Significado de líder", en *Significados.com*, https://www.significados.com/lider/ [Consultado: en febrero de 2020]

WageIndicator Foundation, 2020. "Salario Mark Zuckerberg", en https://cutt.ly/EfBUJwr [Consultado: marzo de 2020]

EDITORIAL
Elementum

Educación en casa,
primera edición, 2020

© 2020, Paola Reding

© 2020, Editorial Elementum s.a
de c.v, para el sello Creativa
independiente

Popocatépetl 118, fraccionamiento
La Colonia, Mineral de la Reforma,
Hidalgo, C.P. 42083, México
editorialelementum@gmail.com
www.editorialelementum.com.mx

ISBN: 978-607-9298-79-1

EQUIPO EDITORIAL

Edición
Mayte Romo
Diseño editorial
Jovany Cruz
Apoyo administrativo
Ariadna Sánchez, Brandon
Ángeles, Galilea Monroy,
Griselda Pacheco, Miguel Cruz

Hecho en México / *Made in Mexico*

Educación en casa de Paola Reding se publicó, en su versión electrónica, en octubre de 2020, en las oficinas de Editorial Elementum. En su composición se utilizó la tipografía Arno Pro.

www.ingramcontent.com/pod-product-compliance
Lightning Source LLC
LaVergne TN
LVHW010545200726

843506LV00013B/2928